公民新法早知道系列

阳光普法
关注民生 传播法律

民法典总则编热点问题100问

MINFADIAN
ZONGZEBIAN
REDIAN WENTI 100 WEN

中国法制出版社
CHINA LEGAL PUBLISHING HOUSE

图书在版编目（CIP）数据

民法典总则编热点问题100问／中国法制出版社编．—北京：中国法制出版社，2020.7
（公民新法早知道系列）
ISBN 978-7-5216-1098-7

Ⅰ．①民…　Ⅱ．①中…　Ⅲ．①民法-总则-中国-问题解答　Ⅳ．①D923.15

中国版本图书馆CIP数据核字（2020）第080229号

策划编辑：戴蕊（dora6322@sina.com）
责任编辑：李宏伟　　　　封面设计：周黎明

民法典总则编热点问题100问
MINFADIAN ZONGZEBIAN REDIAN WENTI 100 WEN

编者/中国法制出版社
经销/新华书店
印刷/煤炭工业出版社印刷厂
开本/880毫米×1230毫米　32开　　　　印张/7.75　字数/118千
版次/2020年7月第1版　　　　2020年7月第1次印刷

中国法制出版社出版
书号ISBN 978-7-5216-1098-7　　　　定价：32.00元

北京西单横二条2号
邮政编码100031　　　　传真：010-66031119
网址：**http://www.zgfzs.com**　　　　**编辑部电话：010-66054900**
市场营销部电话：010-66033393　　　　**邮购部电话：010-66033288**

（如有印装质量问题，请与本社印务部联系调换。电话：010-66032926）

前言／Preface

《中华人民共和国民法典》是新中国成立以来第一部以“法典”命名的法律，是新时代我国社会主义法治建设的重大成果。民法典系统整合了新中国70多年来长期实践形成的民事法律规范，汲取了中华民族5000多年优秀法律文化，借鉴了人类法治文明建设有益成果，是一部体现对生命健康、财产安全、交易便利、生活幸福、人格尊严等各方面权利平等保护的民法典。

为加强民法典的宣传教育，讲清楚实施好民法典，让民法典走到群众身边、走进群众心里，我们组织力量编写了这套《公民新法早知道系列》，用问答和漫画相结合的形式阐释了民法典中与民生相关的热点问题与立法亮点，帮助广大读者及时掌握民法典中的一系列新规定新概念新精神。

希望本书的出版能够回应广大人民群众的关切，普及民法典法律知识，使大家认识到民法典既是保护自身权益的法典，也是全体社会成员都必须遵循的规范，形成遇事找法的习惯，培养解决问题靠法的意识和能力。

编者

2020年7月

目录/Contents

上篇　看图说法

下篇 问答解法

上篇
看图说法

1.《民法典》的总则编有什么作用?

《中华人民共和国民法典》

第一条　为了保护民事主体的合法权益，调整民事关系，维护社会和经济秩序，适应中国特色社会主义发展要求，弘扬社会主义核心价值观，根据宪法，制定本法。

普法讲堂

总则编是《民法典》的序言和总纲，确立了《民法典》的基本制度、框架，规定民事活动必须遵循的基本原则和一般性规则，统领《民法典》各分编。《民法典》除了总则编，还包括物权编、合同编、人格权编、婚姻家庭编、继承编和侵权责任编。

2. 《民法典》中的平等原则是什么？

《中华人民共和国民法典》

第四条 民事主体在民事活动中的法律地位一律平等。

第十四条 自然人的民事权利能力一律平等。

第一百一十三条 民事主体的财产权利受法律平等保护。

第一千零五十五条 夫妻在婚姻家庭中地位平等。

第一千一百二十六条 继承权男女平等。

普法讲堂

平等原则，是指民事主体在从事民事活动时，相互之间在法律地位上都是平等的，任何一方不得将自己的意志强加给对方，他们的合法权益也受到法律的平等保护。平等原则是民法的前提和基础，是国家立法规范民事法律关系的逻辑起点。它最集中地反映了民法所调整的社会关系的本质特征，是民法区别于其他部门法的主要标志。

3.《民法典》中的自愿原则是什么?

《中华人民共和国民法典》

第五条 民事主体从事民事活动，应当遵循自愿原则，按照自己的意思设立、变更、终止民事法律关系。

第一千零四十六条 结婚应当男女双方完全自愿，禁止任何一方对另一方加以强迫，禁止任何组织或者个人加以干涉。

第一千一百零四条 收养人收养与送养人送养，应当双方自愿。收养八周岁以上未成年人的，应当征得被收养人的同意。

普法讲堂

自愿原则，也称意思自治原则，就是民事主体有权根据自己的意愿，自愿从事民事活动，按照自己的意思自主决定民事法律关系的内容及其设立、变更和终止，自觉承受相应的法律后果。自愿原则是对民事活动参加者内心意愿的尊重，要求当事人之间通过合同等行为设立、变更或者处分一项民事权利义务的时候，既要充分表达自己的真实意愿，也能够尊重对方当事人的意愿。任何人都不受强迫，同时也不能强迫他人。

4.《民法典》中的公平原则是什么?

《中华人民共和国民法典》

第六条 民事主体从事民事活动，应当遵循公平原则，合理确定各方的权利和义务。

第一百一十七条 为了公共利益的需要，依照法律规定的权限和程序征收、征用不动产或者动产的，应当给予公平、合理的补偿。

第一百五十一条 一方利用对方处于危困状态、缺乏判断能力等情形，致使民事法律行为成立时显失公平的，受损害方有权请求人民法院或者仲裁机构予以撤销。

普法讲堂

公平原则，是指民事主体从事民事活动时要秉持公平理念，公正、平允、合理地确定各方的权利和义务，并依法承担相应的民事责任。公平原则的基本要求是：（1）民事主体享有均等的机会参与民事活动，实现自己的利益；（2）民事主体的权利和义务对等，既不能只享有权利而不承担义务，也不能只承担义务而不享有权利；（3）当出现不可抗力、紧急避险、显失公平或者无法运用具体的法律规则来评判的情形时，可以根据社会公认的公平观念来合理确定各方的权利义务。

5.《民法典》中的诚信原则是什么？

《中华人民共和国民法典》

第七条 民事主体从事民事活动，应当遵循诚信原则，秉持诚实，恪守承诺。

第五百条 当事人在订立合同过程中有下列情形之一，造成对方损失的，应当承担赔偿责任：

（一）假借订立合同，恶意进行磋商；

（二）故意隐瞒与订立合同有关的重要事实或者提供虚假情况；

（三）有其他违背诚信原则的行为。

第五百零九条第二款 当事人应当遵循诚信原则，根据合同的性质、目的和交易习惯履行通知、协助、保密等义务。

普法讲堂

诚信原则，是指所有民事主体在从事任何民事活动，包括行使民事权利、履行民事义务、承担民事责任时，都应该秉持诚实、善意，不诈不欺，言行一致，信守诺言。诚信原则作为民法最为重要的基本原则，被称为民法的“帝王条款”。诚实守信是市场活动的基本准则，是保障交易秩序的重要法律原则，它和公平原则一样，既是法律原则，又是一种重要的道德规范。

6.《民法典》中的守法与公序良俗原则是什么？

《中华人民共和国民法典》

第八条 民事主体从事民事活动，不得违反法律，不得违背公序良俗。

第一百五十三条第二款 违背公序良俗的民事法律行为无效。

普法讲堂

守法与公序良俗原则，是指自然人、法人和非法人组织在从事民事活动时，不得违反各种法律的强制性规定，不得违背公共秩序和善良习俗。公序良俗是由“公共秩序”和“善良风俗”两个概念构成的，要求民事主体遵守社会公共秩序，遵循社会主体成员所普遍认可的道德准则。由于立法当时不可能预见一切损害国家利益、社会公益和道德秩序的行为而作出详尽的禁止性规定，因此公序良俗原则可以弥补禁止性规定的不足。公序良俗是建设法治国家与法治社会的重要内容，也是衡量社会主义法治与德治建设水准的重要标志。公民在进行民事活动时既要遵守法律的规定，又要符合道德的要求。

7.《民法典》中的绿色原则是什么？

《中华人民共和国民法典》

第九条 民事主体从事民事活动，应当有利于节约资源、保护生态环境。

第二百九十四条 不动产权利人不得违反国家规定弃置固体废物，排放大气污染物、水污染物、土壤污染物、噪声、光辐射、电磁辐射等有害物质。

第五百零九条第三款 当事人在履行合同过程中，应当避免浪费资源、污染环境和破坏生态。

第一千二百三十二条 侵权人违反法律规定故意污染环境、破坏生态造成严重后果的，被侵权人有权请求相应的惩罚性赔偿。

普法讲堂

绿色原则，是指民事主体从事民事活动，应当有利于节约资源，保护生态环境。绿色原则是《民法总则》新确立的一项基本原则，《民法典》予以承继，它体现了党的十八大以来的新发展理念，是具有重大意义的创举。这项原则既传承了天地人和、人与自然和谐相处的传统文化理念，又体现了新的发展思想，有利于缓解我国不断增长的人口与资源生态的矛盾。在《民法典》的物权编、合同编和侵权责任编等相关法律制度中都体现了绿色原则。

8. 胎儿能继承遗产吗?

《中华人民共和国民法典》

第十六条 涉及遗产继承、接受赠与等胎儿利益保护的，胎儿视为具有民事权利能力。但是，胎儿娩出时为死体的，其民事权利能力自始不存在。

普法讲堂

《民法典》设立了胎儿利益特别保护制度，规定涉及遗产继承时，胎儿视为具有民事权利能力，有继承遗产的资格和权利。但胎儿出生时为死体的，其民事权利自始不存在。

9. 胎儿能接受赠与吗？

《中华人民共和国民法典》

第十六条　涉及遗产继承、接受赠与等胎儿利益保护的，胎儿视为具有民事权利能力。但是，胎儿娩出时为死体的，其民事权利能力自始不存在。

普法讲堂

为了最大程度地保护胎儿的利益，《民法典》规定，涉及接受赠与时，胎儿视为具有民事权利能力，有权利接受赠与。

10. 怎么判断未成年人是否为限制民事行为能力人?

《中华人民共和国民法典》

第十九条 八周岁以上的未成年人为限制民事行为能力人，实施民事法律行为由其法定代理人代理或者经其法定代理人同意、追认……

普法讲堂

随着社会发展和互联网的普及，现在的孩子越来越聪明，心智成熟得越来越早。《民法典》规定，八周岁以上的未成年人为限制民事行为能力人，可以独立实施纯获利益的民事法律行为或者与其年龄、智力相适应的民事法律行为。

11. 八周岁的孩子能用压岁钱买玩具吗?

《中华人民共和国民法典》

第十九条　八周岁以上的未成年人为限制民事行为能力人，实施民事法律行为由其法定代理人代理或者经其法定代理人同意、追认；但是，可以独立实施纯获利益的民事法律行为或者与其年龄、智力相适应的民事法律行为。

普法讲堂

八周岁以上的未成年人，可以从事与自己年龄、智力相适应的活动，比如说去超市购买价值较小的生活用品与学习用品等。但这并不意味着他们可以做任何事，譬如花光自己甚至家人账户里的钱去打赏主播、私自拿家里大额的钱款购买网络游戏装备等行为，就必须经过家长的同意或追认才能发生效力。

12. 具有完全民事行为能力的成年人能协商确定监护人吗?

《中华人民共和国民法典》

第三十三条 具有完全民事行为能力的成年人，可以与其近亲属、其他愿意担任监护人的个人或者组织事先协商，以书面形式确定自己的监护人，在自己丧失或者部分丧失民事行为能力时，由该监护人履行监护职责。

普法讲堂

随着中国老龄化趋势越来越严峻，养老问题受到越来越多人的重视。《民法典》完善了监护制度，规定成年人可在具备民事行为能力时协商确定自己的监护人。

13. 村委会能够作为民事主体对外签订合同吗?

《中华人民共和国民法典》

第一百零一条第一款　居民委员会、村民委员会具有基层群众性自治组织法人资格，可以从事为履行职能所需要的民事活动。

普法讲堂

为了适应社会主义新农村的建设和发展，各地有不少村子引入公司化运营机制，建立了新型农村集体经济组织。《民法典》也专门设立了“特别法人”一章，规定居民委员会、村民委员会具有基层群众性自治组织法人资格，可以从事为履行职能所需要的民事活动。

14. 自然人享有哪些民事权利？

《中华人民共和国民法典》

第一百零九条 自然人的人身自由、人格尊严受法律保护。

第一百一十条第一款 自然人享有生命权、身体权、健康权、姓名权、肖像权、名誉权、荣誉权、隐私权、婚姻自主权等权利。

第一百一十三条 民事主体的财产权利受法律平等保护。

普法讲堂

自然人享有生命权、身体权、健康权、姓名权、肖像权、名誉权、荣誉权、隐私权、婚姻自主权等人身权利，也享有物权、债权等财产权利。

15. 个人信息是否受到法律保护？

《中华人民共和国民法典》

第一百一十一条　自然人的个人信息受法律保护。任何组织或者个人需要获取他人个人信息的，应当依法取得并确保信息安全，不得非法收集、使用、加工、传输他人个人信息，不得非法买卖、提供或者公开他人个人信息。

普法讲堂

随着社会的发展和网络信息时代的到来，我们在享受互联网和移动设备带来的便利的同时，也遭受个人信息被非法收集、使用、加工、买卖等一系列问题的困扰，因个人信息泄露而催生的网络诈骗和信息诈骗案件逐年递增。为了更好地保护自然人的合法权益，《民法典》规定，自然人的个人信息受法律保护。因此，任何组织或者个人不得非法收集、使用他人的个人信息。

16. 为了公共利益的需要，依照法律规定的权限和程序进行征地时是否应给予补偿？

《中华人民共和国民法典》

第一百一十七条 为了公共利益的需要，依照法律规定的权限和程序征收、征用不动产或者动产的，应当给予公平、合理的补偿。

普法讲堂

为了公共利益的需要，国家相关机关可以依照法律规定的权限和程序对不动产进行征收或征用，但是应当给予不动产权利人公平、合理的补偿。

17. 法律保护网络虚拟财产吗？

《中华人民共和国民法典》

第一百二十七条　法律对数据、网络虚拟财产的保护有规定的，依照其规定。

普法讲堂

网络虚拟财产具有财产的特性，其被侵犯时依法应当受到保护。近年来，随着互联网的发展，网络游戏日渐盛行。网络游戏账号、网络游戏装备等也在玩家的时间、精力、金钱投入下有了使用价值和交换价值，具备了财产属性。根据《民法典》规定，民事主体的财产权利受法律平等保护。当民事主体所有的数据、网络虚拟财产遭到非法侵犯时，法律同样提供保护。

18. 什么是不可抗力?

《中华人民共和国民法典》

第一百八十条 因不可抗力不能履行民事义务的，不承担民事责任。法律另有规定的，依照其规定。

不可抗力是不能预见、不能避免且不能克服的客观情况。

普法讲堂

所谓不可抗力，是指独立于人的行为之外，并且不受当事人的意志所支配的现象，它包括某些自然现象（地震、台风、洪水、海啸等）和某些社会现象（战争等）。在法律上，不可抗力通常属于法定的免责事由，产生行为人被免责的法律后果。不可抗力的特征有：（1）不可抗力是不可预见的客观情况。（2）不可抗力是不可避免并不能克服的情况。（3）不可抗力是一种客观情况。当然，不可抗力导致免责，必须是不可抗力成为损害发生的唯一原因。因此，在发生不可抗力的时候，应当查清不可抗力与造成的损害后果之间的关系，并确定当事人的活动在发生不可抗力的条件下对与其所造成的损害后果的作用。如果当事人对损害的发生也有过错（如洪水来临时，未及时将堆放在低处的货物转移而造成货物毁损），或者在不可抗力造成损害以后，因当事人的过错致使损害扩大的，则不能完全免除当事人的责任。

19. 因见义勇为而受伤的，由谁承担民事责任？

《中华人民共和国民法典》

第一百八十三条 因保护他人民事权益使自己受到损害的，由侵权人承担民事责任，受益人可以给予适当补偿。没有侵权人、侵权人逃逸或者无力承担民事责任，受害人请求补偿的，受益人应当给予适当补偿。

普法讲堂

《民法典》保护见义勇为的行为，因保护他人民事权益而使自己受到损害且侵权人逃逸，受害人请求补偿的，受益人应当给予适当补偿。

20. 出手救人给受助人造成损害的，是否承担赔偿责任？

《中华人民共和国民法典》

第一百八十四条　因自愿实施紧急救助行为造成受助人损害的，救助人不承担民事责任。

普法讲堂

为匡正社会风气，鼓励见义勇为的行为，《民法典》规定，因自愿实施紧急救助行为造成受助人损害的，救助人不承担民事责任。

21. 通常情况下，向人民法院请求保护民事权利的诉讼时效期间为几年？

《中华人民共和国民法典》

第一百八十八条第一款 向人民法院请求保护民事权利的诉讼时效期间为三年。法律另有规定的，依照其规定。

普法讲堂

社会在发展，经济交易方式和类型也在不断创新，一般诉讼时效期间由原来的两年延长为三年，可以更好地保护权利人的民事权利。诉讼时效期间自权利人知道或者应当知道权利受到损害以及义务人之日起计算。

22. 未成年人遭受性侵的，年满十八周岁后能否提起诉讼？

《中华人民共和国民法典》

第一百九十一条　未成年人遭受性侵害的损害赔偿请求权的诉讼时效期间，自受害人年满十八周岁之日起计算。

普法讲堂

受中国社会传统观念的影响，遭受性侵害的未成年人往往不敢、不愿寻求法律保护，从而导致加害人逃脱法律惩罚。针对这种情况，法律规定，未成年人遭受性侵的，诉讼时效自受害人年满十八周岁之日起计算，可以在年满十八周岁后提起诉讼。

下篇
问答解法

第一章　基本规定

1.《民法典》的调整对象有哪些？

《民法典》调整平等主体的自然人、法人和非法人组织之间的人身关系和财产关系。

人身关系，是指与人身不可分离、以人身利益为内容、不直接体现财产利益的社会关系，包括人格关系和身份关系。人格关系是基于人格利益而发生的社会关系。例如，生命权、健康权等具体人格权。身份关系是以特定的身份利益为内容的社会关系，如配偶关系、父母子女关系等。作为民法调整对象的平等主体之间的人身关系要注意以下几点：第一，人格平等。主体相互间没有管理和被管理、领导和被领导的关系。凡是主体地位不平等，相互之间一方可以支配另一方的人身关系，不属于民法调整的对象。第二，非财产性。人身关系以特定的人身利益为内容，不能用金钱来衡量。第三，专属性。特定人的人身利益只能由特定的人享有，不可转让或抛弃。

作为民法调整对象的平等主体之间的财产关系要注意以下几点：第一，主体平等。民事主体在法律上都具有独立的人格，地位平等，互不存在隶属关系。第二，意志自由。民事主体均有较为充分的意志自由，财产关系的发生、变更和消灭，须基于当事人的自愿，不得违背任何一方的意志。第三，等价有偿。民事主体之间发生的财产流转实行等价有偿原则。

2. 如何理解《民法典》中的平等原则?

平等原则，是指民事主体在民事活动中的法律地位一律平等。民法的平等原则要求民事主体一律平等，不分民族、种族、性别、职业、家庭出身、宗教信仰、教育程度、财产状况等都具有平等的权利能力。不因一方是自然人，另一方是法人，或者一方是大单位，另一方是小单位，而使民事权利能力不平等。理解平等原则的具体含义时应把握以下几点：

（1）民事主体的法律地位平等。在现实的民事法律关系中，民事主体地位平等、各自独立、互不隶属；行政上有隶属关系的上下级组织，在民事法律关系中彼此地位平等。

（2）民事主体平等地享有权利、承担义务。民事主体在民事领域内享有的权利和依法承担的义务应是对等的。民事主体从其他民事主体处得到的利益，除法律规定和民事主体约定可以无偿的外，均应支付一定的对价。

（3）民事主体的合法权益受法律的平等保护。法院对任何民事主体的合法权益都依法予以平等保护，无论是自然人还是法人，不论是国家机关还是私人企业。

（4）民事主体的民事责任平等。任何一方不法损害他人的利益，都应依法承担相应的民事责任。

3. 如何理解《民法典》中的自愿原则？

自愿原则又称为意思自治原则，是指民事主体依照自己的理性判断，自主参与民事活动，管理自己的私人事务，不受国家权力和其他民事主体的非法干预。民事主体从事民事活动，应当遵循自愿原则，按照自己的意思设立、变更和终止民事法律关系。其包含如下两方面的含义：

（1）自主选择，自主参与。即民事主体自己做主去选择、去判断，自主地参与民事活动，不受国家权力和其他民事主体的非法干预。但应注意，这种“自主”仍有一定的制约，即法律的制约，民事主体只能在法律允许的范围内活动。

（2）权利自享，责任自担。即民事主体对自主参与民事活动所导致的结果享有权利，承担责任。如果民事主体自主参与民事活动的结果是财富，其当然取得财富的所有权；如果民事主体自主参与民事活动的结果是损失，其也应当承担相应的损失与民事责任。

4. 如何理解《民法典》中的公平原则？

公平原则，是以公平观念作为价值判断标准，用以调整平等主体之间的财产关系与人身关系，确立民事权利以及民事责任的一项民法基本原则。民事主体从事民事活动，应当遵循公平原则，合理确定各方的权利和义务。具体而言，公平原则的含义包括：

（1）民法在规范民事主体的权利、义务与责任的承担上，体现公平原则，兼顾各方利益。

（2）反对暴利，要求民事行为的结果不能显失公平，如果显失公平，就应以公平为尺度，协调民事主体间的利益关系。

（3）法院在处理民事案件时，法律有明确规定的，按照规定处理；法律规定不具体或无规定，民事主体也无约定时，法官应依公平原则作出裁决。

5. 如何理解《民法典》中的诚信原则？

诚信原则，是指民事主体应当诚实不欺、恪守信用，善意地行使权利和履行义务，在追求自身利益的同时兼顾当事人之间的利益平衡以及当事人利益与社会利益的平衡。诚信原则的作用主要体现在两个方面：

（1）要求当事人在行使权利或者履行义务时的主观心态应当是善意的、诚实的，在追求自己利益的同时要兼顾他人和社会的利益，不能滥用自己的权利；

（2）授予法官自由裁量权。诚信的内涵和外延没有固定的范围，这种不确定性使得法官在处理合同纠纷案件时就有了相当大的自由裁量权，有利于充分发挥司法机关的能动性和创造性。同时，也有利于填补立法漏洞，从而更好地维护当事人的合法权益。

6. 如何理解《民法典》中的公序良俗原则？

公序良俗，即公共秩序和善良风俗。公序良俗原则，是指民事主体的行为应当遵守公共秩序，符合善良风俗，不得违反国家的公共秩序和社会的一般道德。其中，公共秩序，是指国家、社会的存在和发展所必需的一般秩序。善良风俗，是指国家、社会的存在及其发展所必需的一般道德。

违反公序良俗的行为一般包括：（1）危害国家公共秩序的行为，如委托走私行为；（2）危害家庭关系的行为，如约定给付父母一定金钱后即断绝关系不再承担赡养义务的行为；（3）违反性道德的行为，如因嫖娼而为给付；（4）射幸行为，典型的如赌博，但经政府特许者除外；（5）违反人权和人格尊严的行为，如人口买卖合同；（6）限制经济自由的行为，如垄断行为；（7）违反公平竞争的行为；（8）违反消费者保护的行为；（9）违反劳动者保护的行为；（10）暴利行为。

7. 如何理解《民法典》中的生态环境保护原则？

生态环境保护原则，即民事主体从事民事活动，应当节约资源、保护生态环境，促进人与自然和谐发展。21 世纪是面临严重生态危机的时代，生态环境遭受了严重破坏，人类生存与发展的环境不断受到威胁。因此，民法不仅要注重保护私有财产，而且应当将维护生态环境作为重要内容。任何主体不仅对其财产享有不受他人侵害的权利，而且负有维护生态环境的义务。

第二章　自然人

第一节　民事权利能力和民事行为能力

8. 什么是自然人？什么是公民？二者有何联系与区别？

自然人，是指基于自然规律而出生和存在的生命个体，与法人的概念相对应。公民，是指具有一国国籍的自然人，属于公法范畴。在国际法上以国籍为标准，划分为本国公民、外国公民、无国籍人。自然人与公民这两个概念既有区别又有联系，凡公民均为自然人，但自然人不一定是公民。

9. 什么是民事权利能力？其特征有哪些？

民事权利能力，是指民事主体依法享有民事权利和承担民事义务的资格。自然人的民事权利能力始于出生，终于死亡。

自然人的民事权利能力有如下特征：

（1）同一性。即自然人的民事权利能力不仅包括自然人享有民事权利的资格，也包括自然人承担民事义务的资格。例如，自然人有自主订立合同的权利，也负有不得干涉他人自主订立合同的义务。

（2）平等性。一般来说，自然人的民事权利能力是平等的，不因民族、种族、性别、年龄、职业等因素而不同，如自然人自出生起即享有肖像权、名誉权、财产权等。但基于社会政策或公序良俗的考虑，对自然人的某些民事权利能力可以作必要的限制。

（3）广泛性。即自然人享有广泛的民事权利能力，其内容涉及自然人生存和发展的方方面面，包括财产关系和人身关系两大领域。

10. 胎儿有继承遗产、接受赠与的权利吗？

自然人的民事权利能力始于出生，终于死亡。一般而言，出生是指胎儿脱离母体而保有生命；死亡包括自然死亡和宣告死亡。通常情况下，胎儿自出生时才有民事权利能力，得以享有民事权利，承担民事义务。然而，胎儿为母体的一部分，虽不能独立生存，但胎儿迟早会出生，直接保护胎儿，即间接保护将来出生的人。《民法典》第 16 条规定，涉及遗产继承、接受赠与等胎儿利益保护的，胎儿视为具有民事权利能力。但是，胎儿娩出时为死体的，其民事权利能力自始不存在。

11. 什么是民事行为能力？

民事行为能力，是指民事主体据以独立参加民事法律关系，以自己的行为取得民事权利和承担民事义务的法律资格。根据民事主体的年龄、智力、精神健康状况等因素，《民法典》将民事主体分为完全民事行为能力人、限制民事行为能力人和无民事行为能力人。

12. 什么是完全民事行为能力人？

完全民事行为能力人，是指能够通过自己的独立行为取得民事权利和承担民事义务的民事主体。《民法典》第 18 条规定，成年人为完全民事行为能力人，可以独立实施民事法律行为。16 周岁以上的未成年人，以自己的劳动收入为主要生活来源的，视为完全民事行为能力人。

13. 如何理解年满 16 周岁、以自己的劳动收入为主要生活来源的未成年人视为完全民事行为能力人？

《民法典》第 18 条第 2 款规定，16 周岁以上的未成年人，以自己的劳动收入为主要生活来源的，视为完全民事行为能力人。这里所说的“视为”就是“等同”的意思。这就是说，在正常情况下，只有年满 18 周岁并且精神状态、智力发育正常的自然人才是完全民事行为能力人，才能独立地进行民事活动，并且对自己的违法行为造成的损害独立承担民事责任。但是，法律规定16周岁以上不满18周岁，能以自己的劳动收入为主要生活来源的自然人，也看作完全民事行为能力人，应独立承担民事责任。“以自己的劳动收入为主要生活来源”，是指能够以自己的劳动取得收入并能维持当地群众一般生活水平的情况。具有这种情况的16周岁以上不满18周岁的自然人，可以认定为以自己的劳动收入为主要生活来源的完全民事行为能力人。

14. 什么是限制民事行为能力人？

限制民事行为能力人，是指民事主体的民事行为能力受到限制，只具有部分民事行为能力，其享有民事权利和承担民事义务的资格受到一定限制。根据《民法典》第19条、第22条规定，限制民事行为能力人分为两类：一类是以年龄、智力为划分标准，8周岁以上的未成年人是限制民事行为能力人，可以进行与他的年龄、智力相适应的民事活动；其他民事活动由他的法定代理人代理，或者征得他的法定代理人的同意、追认。另一类是以精神健康状况为划分标准，不能完全辨认自己行为的成年人是限制民事行为能力人，可以进行与他的精神健康状况相适应的民事活动；其他民事活动由他的法定代理人代理，或者征得他的法定代理人的同意、追认。

15. 什么是无民事行为能力人？

无民事行为能力人，是指不具备参加民事法律关系，以自己的行为取得民事权利或承担民事义务资格的民事主体。根据《民法典》第 20 条、第 21 条规定，无民事行为能力人分为两类：一类是以年龄、智力为划分标准，不满 8 周岁的未成年人是无民事行为能力人，由他的法定代理人代理民事活动；另一类是以精神健康状况为划分标准，不能辨认自己行为的成年人是无民事行为能力人，由他的法定代理人代理民事活动。

16. 如何确定未成年人所从事的民事行为是否有效？

根据未成年人的年龄，可将未成年人划分为无民事行为能力人和限制民事行为能力人。

根据《民法典》第 19 条、第 20 条规定，不满 8 周岁的未成年人是无民事行为能力人，无民事行为能力人所从事的民事法律行为无效。8 周岁以上的未成年人是限制民事行为能力人，实施民事法律行为由其法定代理人代理或者经其法定代理人同意、追认。鉴于未成年人的年龄、智力水平与常人有异，法律为了最大限度地保护未成年人的利益，规定与未成年人年龄、智力、精神健康状况不相适应的民事行为或者未征得法定代理人同意的民事行为无效。因此，未成年人所从事的民事行为是否有效，要看其从事的民事行为是否与其年龄、智力、精神健康状况等相符合。但是，无论未成年人是否年满 8 周岁，其可以独立实施纯获利益的民事法律行为。

17. 如何理解精神病人的民事行为能力？

《民法典》根据精神病人的精神状况将精神病人的民事行为能力分为两类：限制民事行为能力和无民事行为能力。不能完全辨认自己行为的精神病人属于限制民事行为能力人，不能辨认自己行为的精神病人属于无民事行为能力人。

不能完全辨认，是指对于比较复杂的事物或者比较重大的行为缺乏判断能力和自我保护能力，并且不能预见其行为后果。如何认定哪些民事活动与这类自然人的精神状况相适应，我国司法实践的判断标准有三：一是行为与本人生活相关联的程度；二是本人的精神状态是否足以理解其行为并能预见相应的行为后果；三是行为标的的数额。不能辨认，是指没有判断能力和自我保护能力，不知其行为后果。

18. 精神病人在“正常时期”所从事的民事行为是否有效？

《民法典》根据精神病人的精神健康状况将精神病人的民事行为能力分为两类：一是不能完全辨认自己行为的精神病人，属于限制民事行为能力人；二是不能辨认自己行为的精神病人，属于无民事行为能力人。对那些尚未完全丧失辨认自己行为能力的精神病患者，只要所进行的民事活动与其当时的精神健康状态相适应，那么其行为就有效，应得到法律的保护。例如，王某患精神分裂症，经过治疗后病情趋于稳定。一日，王某在一家商店花 100 元买了一台收音机，那么，王某购买该收音机的行为是否有效呢？王某在生活中会经常使用收音机收听节目，这与他的生活息息相关，根据王某当时的精神健康状态，他也能够理解并预见花 100 元购买一台收音机的行为后果，因此，王某购买该收音机的行为就是有效的。

19. 经常居住地和户籍所在地不一致的，如何确定住所地？

户籍，是以户为单位记载自然人的姓名、出生、住所、婚姻、收养、失踪和死亡等事项的法律文件。根据《户口登记条例》的规定，一个自然人只能在一个地方登记为常住户口，登记地即户籍所在地。自然人的经常居住地，是指自然人离开住所地至起诉时已连续居住一年以上的地方，但自然人住院就医的地方除外。

通常情况下，自然人以他的户籍所在地的居住地为住所地，但是，经常居住地与住所不一致时，经常居住地视为住所地。自然人由其户籍所在地迁出后至迁入另一地之前，无经常居住地的，仍以其原户籍所在地为住所地。

第二节　监　护

20. 如何确定未成年人的监护人？

根据《民法典》第27条规定，未成年人的父母是未成年人的法定监护人。未成年人的父母死亡或者没有监护能力的，由下列有监护能力的人按顺序担任监护人：（1）祖父母、外祖父母；（2）兄、姐；（3）其他愿意担任监护人的个人或者组织，但是须经未成年人住所地的居民委员会、村民委员会或者民政部门同意。

此外，未成年人的父母可以通过遗嘱的方式指定未成年人的监护人。

21. 未成年人的父母可以将监护权转让给他人吗？

根据《民法典》第27条规定，未成年人的父母是未成年人的监护人，父母对未成年子女负有抚养、教育和保护的义务。由此可知，未成年人的父母是未成年人的法定监护人，负有法定监护义务，从有利于被监护人身心健康、成长教育的角度考虑，未成年人的父母不得随意将未成年人的监护权转让给他人。当然，如果未成年人的父母已经死亡或者没有监护能力，可以由未成年人的祖父母、外祖父母，兄、姐，经未成年人住所地的居民委员会、村民委员会或者民政部门同意其他愿意担任监护人的个人或者组织担任监护人。

22. 如何确定精神病人的监护人？

根据精神病人的精神健康状况，《民法典》将精神病人分为限制民事行为能力人和无民事行为能力人，即精神病人不能完全辨认或者不能辨认自己的民事行为，这就需要监护人根据具体情况代其行使民事行为，或者对其民事行为进行同意、追认，以履行监护职责。根据《民法典》第28条规定，无民事行为能力或者限制民事行为能力的成年人，由下列有监护能力的人按顺序担任监护人：（1）配偶；（2）父母、子女；（3）其他近亲属；（4）其他愿意担任监护人的个人或者组织，但是须经被监护人住所地的居民委员会、村民委员会或者民政部门同意。

23. 对担任监护人有争议时，应该如何处理？

根据《民法典》第31条规定，被监护人的近亲属、个人、其他组织等有关民事主体对担任监护人有争议的，由被监护人住所地的居民委员会、村民委员会或者民政部门指定，有关民事主体对指定不服的，可以向人民法院提出申请。当然，有关民事主体也可以直接向人民法院提出申请，由人民法院指定。居民委员会、村民委员会、民政部门或者人民法院应当尊重被监护人的真实意愿，根据最有利于被监护人的原则在依法具有监护资格的人中指定监护人。

在确定监护人前，如果被监护人的人身权利、财产权利及其他合法权益处于无人保护状态的，则由被监护人住所地的居民委员会、村民委员会、法律规定的有关组织或者民政部门担任临时监护人。此外，监护人被指定后，应当认真履行监护职责，不得擅自变更监护人。若被指定的监护人擅自变更监护人，则不免除被指定监护人的监护责任。

24. 老年人可以根据自己的意愿指定监护人吗？

老年人可以根据自己的意愿指定监护人。近年来，中国的老龄化趋势越来越严峻，养老问题也受到越来越多人的重视。为了解决这一问题，《民法典》第33条规定，具有完全民事行为能力的成年人，可以与其近亲属、其他愿意担任监护人的个人或者组织事先协商，以书面形式确定自己的监护人，在自己丧失或者部分丧失民事行为能力时，由该监护人履行监护职责。这就表明，老年人可以在自己丧失或部分丧失民事行为能力前，根据自己的意愿指定监护人，以达到有人养老、有人监护的目的。

25. 监护人有哪些职责与义务？

监护制度的目的主要有两个：一是维护和保障民事行为能力欠缺者的人身、财产等合法权益。监护人应当按照最有利于被监护人的原则履行监护职责，保护被监护人的人身权利、财产权利及其他合法权益；除为维护被监护人利益外，不得处分被监护人的财产。二是约束被监护人的行为，维护社会的正常秩序。通过对被监护人的管教和约束，防止和避免其实施不法行为。具体而言，监护人主要有以下五项职责：

（1）保护被监护人的身体健康。监护人既要注意被监护人是否健康，同时也要保护被监护人不受外人的侵犯。

（2）照顾被监护人的生活。照顾被监护人的日常生活，满足其生活所需。

（3）管理和保护被监护人的财产。监护人应从被监护人的利益出发管理和使用被监护人的财产，同时，处分权也受到一定的限制。

（4）代理被监护人进行民事活动和诉讼活动。被监护人是民事行为能力欠缺者，同时没有诉讼行为能力，因此监护人是当然的法定代理人。

（5）对被监护人进行管理和教育。被监护人对行为性质、后果认识不够，可能会实施不法行为，侵害他人的利益，因此，监护人有义务对其管教，但不能进行惩戒。

此外，未成年人的监护人履行监护职责，在作出与被监护人利益有关的决定时，应当根据被监护人的年龄和智力状况，尊重被监护人的真实意愿。成年人的监护人履行监护职责，应当最大程度地尊重被监护人的真实意愿，保障并协助被监护人实施与其智力、精神健康状况相适应的民事法律行为。对被监护人有能力独立处理的事务，监护人不得干涉。

26. 因紧急情况监护人无法履行监护职责时，被监护人由何人照料？

《民法典》第 34 条第 4 款规定，因发生突发事件等紧急情况，监护人暂时无法履行监护职责，被监护人的生活处于无人照料状态的，被监护人住所地的居民委员会、村民委员会或者民政部门应当为被监护人安排必要的临时生活照料措施。这实际上是明确了临时监护，完善了监护制度。

因发生突发事件等紧急情况，被监护人缺乏照料时需要国家相关部门托底保障，这是国家监护的内容之一。从实际生活中看，这一款规定也很有必要。例如，监护人因患病被隔离或吸毒人员等被控制后，居民委员会、村民委员会或者民政部门及时介入，未成年子女或无自主生活能力的人得到照顾，潜在的悲剧事件就能够被避免。当然，这种情况也需要邻居及村、居委会等基层组织及时履行报告义务，可以及时发现，及时提供监护。

27. 在何种情况下，相关民事主体可以申请撤销监护人的监护资格？

当其他依法具有监护资格的人，被监护人住所地的居民委员会、村民委员会、学校、医疗机构、妇女联合会、残疾人联合会、未成年人保护组织、依法设立的老年人组织、民政部门等个人或者组织发现监护人存在下列几种行为之一时，可以向人民法院申请撤销监护人的监护资格:(1)监护人实施严重损害被监护人身心健康的行为;(2)监护人怠于履行监护职责,或者无法履行监护职责且拒绝将监护职责部分或者全部委托给他人,导致被监护人处于危困状态;(3)监护人有实施严重侵害被监护人合法权益的其他行为。

需要说明的是,当个人或组织发现监护人有严重侵害被监护人合法权益应被撤销监护权的,应该通过向人民法院提出申请的方式撤销;若相关民事主体或组织未及时向人民法院提出撤销监护人资格申请的,民政部门应当向人民法院提出申请。

28. 在何种情况下,监护关系终止?

被监护人是因年龄、智力、精神健康状况等因素欠缺民事行为能力的人,而监护制度的根本目的有两个:一是保护被监护人的合法权益;二是约束被监护人的行为,维护社会秩序。因此,当监护人丧失监护能力或者被监护人取得、恢复完全民事行为能力不需要被监护时,监护关系即终止。具体而言,有下列情形之一的,监护关系终止:

(1)被监护人取得或者恢复完全民事行为能力。未成年人成年后,随着其年龄的增长和智力的发育,其已能够独立地处理民事行为,成为完全民事行为能力人,不再需要监护;欠缺民事行为能力的成年人,即精神病人,因病情好转、身体健康而恢复民事行为能力后,也不再需要监护。

（2）监护人丧失监护能力。监护人具有维护被监护人合法权益和约束被监护人行为的职责，若监护人因工作、身体健康等原因丧失监护能力，则不能再行使监护权。

（3）被监护人或者监护人死亡。被监护人或者监护人死亡的，监护关系即自行终止。

（4）人民法院认定监护关系终止的其他情形。

若监护关系终止后，被监护人仍然需要监护的，应当依法另行确定监护人。

第三节　宣告失踪和宣告死亡

29. 什么是宣告失踪？宣告失踪需要具备哪些条件？

宣告失踪，是指法院根据利害关系人的申请，依法宣告下落不明满一定期限的自然人为失踪人，以确定其财产关系的一种制度。

宣告失踪需要满足以下条件：

（1）必须处于持续下落不明的状态。下落不明是指自然人最后确切行踪消失后没有音讯，处于生死不明的状态。

（2）下落不明必须达到一定期限。下落不明的期限应该是2年，应从自然人失去音讯之日起计算；战争期间下落不明的，下落不明的时间自战争结束之日或者有关机关确定的下落不明之日起计算。

（3）须由该自然人的利害关系人向法院申请。利害关系人的范围包括两个方面：一是被申请宣告失踪人的近亲属；二是与被申请宣告失踪人有民事权利义务关系的人，如债权人、合伙人等。这些人没有顺序限制。

（4）须经法院依法宣告。在我国，宣告失踪的案件应依照民事诉讼法规定的特别程序审理，法院是作出宣告失踪的法定机关。法院收到宣告失踪的申请后，发出寻找失踪人的公告，公告期为 3 个月。3 个月内，如果失踪人出现或有其他方法确定其下落，宣告失踪程序中止；如果仍然下落不明，则依法宣告失踪。

30. 财产代管人应如何处理被宣告失踪人的财产?

根据《民法典》第 42 条规定，自然人被宣告失踪后，其财产由配偶、成年子女、父母或者其他愿意担任财产代管人的人代管。确定财产代管人制度的目的是最大限度地保障被宣告失踪人的财产权益。因此，财产代管人应当妥善管理失踪人的财产，维护其财产权益。财产代管人如果因故意或者重大过失造成失踪人财产损失的，应当承担相应的赔偿责任。

对于失踪人所欠税款、债务和应付的其他费用，财产代管人可以从失踪人的财产中予以支付。除此之外，财产代管人不得将失踪人的财产用于个人支出或消费。当财产代管人不履行代管职责、侵害失踪人财产权益或者丧失代管能力的，失踪人的利害关系人可以向人民法院申请变更财产代管人。财产代管人有正当理由的，可以向人民法院申请变更财产代管人。人民法院变更财产代管人的，变更后的财产代管人有权请求原财产代管人及时移交有关财产并报告财产代管情况。

若失踪人重新出现，财产代管人应当及时移交有关财产并告知失踪人财产代管的情况。

31. 宣告失踪可以撤销吗？撤销需要具备什么条件？

宣告失踪是可以撤销的。宣告失踪是对自然人失踪事实的确认，一旦被宣告失踪的自然人重新出现或者有人知道了其确切下落，则说明法院对失踪事实的推定已经被新的事实推翻，所以，法院应当撤销对失踪人的失踪宣告。

宣告失踪的撤销需要按照特别程序进行，应具备以下条件：

（1）有失踪人重新出现或知道其下落的事实；

（2）失踪人本人或利害关系人向法院提出撤销宣告失踪的申请；

（3）法院作出撤销失踪宣告的判决。

此外，失踪人若重新出现，有权请求财产代管人及时移交有关财产并告知失踪人财产代管的情况。

32. 什么是宣告死亡？宣告死亡需要具备哪些条件？

宣告死亡，是指自然人失踪达到一定期间后，由利害关系人申请，法院宣告该自然人死亡，以便结束以其生前住所地为中心的民事法律关系的制度。

宣告死亡的条件比宣告失踪严格：

（1）下落不明达法定期限。通常情况下是下落不明达到4年，应从自然人音讯消失的次日起计算。在意外事件中，下落不明的期限缩短为2年；因意外事件下落不明，经有关机关证明该自然人不可能生存的，申请宣告死亡不受2年时间的限制。

（2）利害关系人提出申请。与宣告失踪的条件不同的是，死亡宣告的申请权有一定的顺序限制：①配偶；②父母、子女；③兄弟姐妹、祖父母、外祖父母、孙子女、外孙子女；④其他有利害关系的人。前一顺序人总比后一顺序人在人身方面与被宣告死亡人更亲密，所以前一顺序人没有提出宣告死亡申请的情况下，后一顺序人无权提出申请；同一顺序有人提出宣告死亡，有人不同意宣告死亡的，应当宣告死亡。

（3）法院依法作出死亡宣告。法院收到死亡宣告申请后，应当发出寻找下落不明人的公告。通常，公告期为1年；在因意外事故下落不明的情况下，经有关机关证明该人不可能生存的，公告期为3个月。公告期满后，仍无下落不明人音讯的，法院作出宣告死亡的判决。

33. 宣告失踪是宣告死亡的必经程序吗?

宣告失踪不是宣告死亡的必经程序。自然人下落不明，符合申请宣告死亡的条件，利害关系人可以不经申请宣告失踪而直接申请宣告死亡。但是，利害关系人只申请宣告失踪的，应当宣告失踪。对同一自然人，有的利害关系人申请宣告死亡，有的利害关系人申请宣告失踪，符合《民法典》规定的宣告死亡条件的，人民法院应当宣告死亡。

34. 如何确定被宣告死亡人的死亡日期?

自然人被宣告死亡的，需要人民法院经过特别程序作出宣告判决。人民法院受理宣告死亡案件后，应当发出寻找下落不明人的公告。通常情况下，公告期间为1年；因意外事故下落不明，经有关机关证明该自然人不可能生存的，宣告死亡的公告期间为3个月。公告期间届满，人民法院应当根据得到确认的被宣告死亡的事实，作出宣告死亡的判决。通常，人民法院宣告死亡的判决作出之日即视为被宣告死亡人死亡的日期；因意外事件下落不明宣告死亡的，意外事件发生之日视为其死亡的日期。

35. 宣告死亡可以撤销吗? 撤销需要具备什么条件?

宣告死亡可以撤销。宣告死亡的撤销，是指被宣告死亡人事实上并未死亡，经其本人或利害关系人申请，由法院作出撤销死亡宣告判决的民事法律制度。

宣告死亡的撤销的条件：

（1）被宣告死亡人确实生存且知道其音讯。

（2）本人或利害关系人提出撤销申请。与申请宣告死亡不同，申请撤销死亡宣告的利害关系人没有顺序限制。

（3）在程序方面，法院依法作出撤销死亡宣告的判决。

36. 死亡宣告撤销后，会产生什么法律后果？

死亡宣告撤销后产生的法律后果主要体现在以下三个方面：

（1）婚姻关系。死亡宣告被人民法院撤销，如果其配偶尚未再婚的，夫妻关系从撤销死亡宣告之日起自行恢复；如果其配偶再婚后又离婚或者再婚后配偶又死亡的，则不得认定夫妻关系自行恢复；如果被宣告死亡人的配偶向婚姻登记机关书面声明不愿意恢复婚姻关系的，则也不得认定夫妻关系自行恢复。

（2）收养关系。被宣告死亡的人在被宣告死亡期间，其子女被他人依法收养，被宣告死亡的人在死亡宣告被撤销后，仅以未经本人同意而主张收养行为无效的，一般不应准许，但收养人和被收养人同意的除外。

（3）被撤销死亡宣告的人有权请求返还财产。依照《民法典》继承编取得其财产的自然人或者组织，应当返还原物；原物不存在的，给予适当补偿。被撤销死亡宣告的人请求返还财产，其原物已被第三人合法取得的，第三人可不予返还。利害关系人隐瞒真实情况使他人被宣告死亡而取得其财产的，除应返还财产外，还应对造成的损失予以赔偿。

第四节　个体工商户和农村承包经营户

37. 什么是个体工商户？个体工商户可以起字号吗？

个体工商户并非一类独立的民事主体，而是包含在自然人这种民事主体中。根据我国法律和政策的规定，个体工商户享有合法财产权，也依据法律和合同享有各种债权。个体工商户依法享有工商经营权，在法律规定和核准登记的经营范围内，充分享有自主经营权，并经批准可以起字号、刻图章、在银行开立账户，以便开展正常的经营活动。个体工商户有个人经营、家庭经营与个人合伙经营三种组织形式。

个体工商户经批准后可以起字号。字号名称，是指个体工商户为其营业厂、店等所起的名称。个体工商户的字号名称，在申请登记的市、县范围内，同一行业中不得相同。个体工商户可以按登记的字号名称刻制图章，并报送原登记的工商行政管理机关备案。字号应当由两个以上的字组成。企业有正当理由可以使用本地或者异地地名作字号，但不得使用县以上行政区划名称作字号。个体工商户字号可直冠“某某市”。起字号的个体工商户，在民事诉讼中，应以营业执照登记的户主（业主）为诉讼民事主体，在诉讼文书中注明系某字号的户主。

个体工商户可以使用投资人或其他自然人姓名作字号，但应提交该自然人的身份证复印件和授权书。主要经营项目与行业分类和行业及经营特点用语明显不符的，不得以该名称申请企业登记注册。个体工商户的字号名称一般应体现所属行业。

按照我国有关法律法规规定，字号不得使用下列名称：（1）外国国家（地区）名称；（2）国际组织名称；（3）以外国文字或汉语拼音组成的名称；（4）以数字组成的名称；（5）对国家、社会或者公共利益有损害以及有碍社会道德风尚和精神文明建设的名称。字号可以改变，但应当向原登记的工商行政管理机关办理变更登记。未经批准，不得擅自改变。

38. 什么是农村承包经营户？农村承包经营户可以作为独立的民事主体从事民事法律行为吗？

农村承包经营户，是指农村集体经济组织的成员，在法律允许的范围内，按照承包合同的规定从事特种商品生产和经营活动的一种自然人的特殊形式，是一种集体经济的经营方式的法律表现。农村承包经营户以自己的名义独立为民事法律行为。依照法律规定，农村承包经营户不论是个人经营还是家庭经营，都必须以户的名义独立参与法律关系，取得民事权利，承担民事义务。

39. 个体工商户和农村承包经营户如何承担民事责任？

《民法典》第56条规定，个体工商户的债务，个人经营的，以个人财产承担；家庭经营的，以家庭财产承担；无法区分的，以家庭财产承担。农村承包经营户的债务，以从事农村土地承包经营的农户财产承担；事实上由农户部分成员经营的，以该部分成员的财产承担。

司法实践中，个体工商户、农村承包经营户的责任承担主要有如下情形：

（1）自然人个人出资、独立经营、收益归自己的，应以该自然人的个人财产承担清偿责任；

（2）全体家庭成员共同出资、共同经营、共同收益的，应以家庭共有财产清偿债务；

（3）部分家庭成员出资、经营、收益的，应以该部分家庭成员的财产对债务负连带责任；

（4）以家庭成员个人名义登记，但实际是家庭共同财产出资、共同经营、共同收益的，也应以家庭共有财产承担清偿责任。

第三章　法人

第一节　一般规定

40. 什么是法人？法人都有哪些特征？

法人是具有民事权利能力和民事行为能力，依法独立享有民事权利和承担民事义务的组织。

法人作为一种独立存在的民事主体，一般具有以下四个特征：

（1）法人是一种社会组织。它和自然人不同的是，它不是作为有血有肉的生物存在，而是作为组织体存在。

（2）法人是依法成立的社会组织。依法成立，是一定的社会组织能够成为民事主体的基本前提。

（3）法人是具有民事权利能力和民事行为能力的社会组织。法人是社会组织，但并不是任何社会组织都能取得法人资格。只有具有法人条件，具有民事权利能力和民事行为能力的社会组织，才能取得法人资格。

（4）法人是能够以其全部财产独立承担民事责任的社会组织。法人的独立责任，是指法人在违反义务而对外承担责任时，其责任范围应当以其所拥有或经营管理的全部财产为限，法人的成员和其他人不对此承担责任。

41. 法人的民事权利能力与自然人的民事权利能力有什么区别?

法人的民事权利能力与自然人的民事权利能力之间的区别主要体现在以下两个方面：

（1）享有的时间不同。自然人民事权利能力的享有始于出生终于死亡，自然人的生死是自然现象。法人的民事权利能力从法人成立时产生，到法人终止时消灭。

（2）享有的范围不同。自然人依法享有的民事权利能力范围较广，既包括财产权，也包括与自然人生命密不可分的人身权。法人是组织体，不享有与生命密切相关的生命健康权、肖像权等人身权内容。

42. 与自然人的民事行为能力相比较，法人的民事行为能力的特点有哪些?

相较于自然人的民事行为能力，法人的民事行为能力具有以下特点：

（1）民事权利能力和民事行为能力享有的时间不同。法人的民事行为能力享有的时间与其民事权利能力享有的时间一致，因为法人依法成立后便具有独立的人格、独立的能力。

（2）民事权利能力和民事行为能力享有的范围不同。法人的民事行为能力范围与民事权利能力的范围一致。一旦法人的民事权利能力的范围确定，其民事行为能力的范围也随之确定。

（3）法人的民事行为能力由法人机关或代表人实现。法人机关或代表人以自己的意思表示，代表着法人的团体意志，他们根据法律、章程而实施的民事行为，就应认为是法人行为，法律后果由法人承担。

43. 法人的成立需要具备哪些条件?

法人的成立需要符合以下三个条件：

（1）法人应当依法成立。

（2）法人应当有自己的名称、组织机构、住所、财产或者经费。法人成立的具体条件和程序，依照法律、行政法规的规定。

（3）设立法人，法律、行政法规规定须经有关机关批准的，依照规定应经过有关机关批准。

44. 什么是法定代表人？法定代表人有哪些特点?

法定代表人，是指根据法律或章程的规定，代表法人行使职权的负责人。法定代表人可以由厂长、经理担任，也可以由董事长、理事长担任。

法定代表人的特点主要有以下三点：

（1）法定代表人的资格是法定的。

（2）法定代表人是代表法人行使职权的负责人。法定代表人一般是执行机关的负责人，他可以依照法律或章程的规定，无须法人机关的专门授权，就可以法人的名义，代表法人对外进行民事活动，并为签字人。

（3）法定代表人是代表法人从事业务活动的自然人。法定代表人只能是自然人，且该自然人只有代表法人从事民事活动和民事诉讼活动时才具有这种身份。

法定代表人的权利，是由法人赋予的，法人对法定代表人的正常活动承担民事责任。法定代表人的行为超出法人授予的权利范围，法人也要为其承担责任，不得以法人章程或者法人权力机构对法定代表人代表权的限制为由对抗善意相对人。

45. 担任法定代表人时，有哪些资格限制？

法律对担任法定代表人的资格有一系列限制，有下列情形之一的自然人，不得担任企业法定代表人：

（1）无民事行为能力或者限制民事行为能力的。

（2）正在被执行刑罚或者正在被执行刑事强制措施的。

（3）正在被公安机关或者国家安全机关通缉的。

（4）因犯有贪污贿赂罪、侵犯财产罪或者破坏社会主义市场经济秩序罪，被判处刑罚，执行期满未逾 5 年的；因犯有其他罪，被判处刑罚，执行期满未逾3年的；或者因犯罪被判处剥夺政治权利，执行期满未逾5年的。

（5）担任因经营不善破产清算的企业的法定代表人或者董事、经理，并对该企业的破产负有个人责任，自该企业破产清算完结之日起未逾3年的。

（6）担任因违法被吊销营业执照的企业的法定代表人，并对该企业违法行为负有个人责任，自该企业被吊销营业执照之日起未逾3年的。

（7）个人负债数额较大，到期未清偿的。

（8）法律和国务院规定的其他不能担任企业法定代表人的。

46. 法人的住所与场所有什么区别?

法人以它的主要办事机构所在地为住所。法人的住所在法律上具有重要意义，如决定债务履行地、决定登记管辖、决定诉讼管辖、决定法律文书送达的处所、决定涉外民事关系的准据法等。法人的场所与住所是两个既有联系又有区别的概念。一个法人可能只有一处场所，也可能有多处场所，但一个法人只能有一个住所。法人以它的主要办事机构所在地为住所。当一个法人有若干个办事机构，并且分别位于不同的地方时，如有营业机构、管理机构、分支机构等时，则应以法人的中心管理机构所在地为其住所。在实践中，企业法人应以在工商行政管理部门核准登记的法定住址所在地为其住所；机关法人、事业单位法人和社会团体法人则应以批准成立时的常设中心办公机构所在地为其住所。

47. 法人的注册登记地和主要办公地不一致时，如何确定其住所？

《民事诉讼法》第 21 条第 2 款规定："对法人或者其他组织提起的民事诉讼，由被告住所地人民法院管辖。"《最高人民法院关于适用〈中华人民共和国民事诉讼法〉的解释》第 3 条规定："公民的住所地是指公民的户籍所在地，法人或者其他组织的住所地是指法人或者其他组织的主要办事机构所在地。法人或者其他组织的主要办事机构所在地不能确定的，法人或者其他组织的注册地或者登记地为住所地。"

《民法典》第 63 条也规定，法人以它的主要办事机构所在地为住所。根据工商登记的要求，法人在设立时其住所应当是其主要经营场所，因此，在一般情况下，营业执照登记的地址为法人住所地。但是，当法人注册地与主要办公地不一致时，应以主要办公地为住所。

48. 什么是法人的清算？法人的清算主要涉及哪些事项？

法人的清算，是指清理被解散或者撤销的法人的财产，了结其作为民事主体的法律关系，从而使法人妥善消灭的程序。法人的消灭事由出现后，法人就不能再进行新的民事活动和其他活动，只能进行法人清算，进入法人清算与注销程序。

法人的清算，主要涉及以下事项：

（1）了结法人消灭事由出现前已经着手进行而未完成的事务；

（2）收取到期债权，对未到期债权，应以转让或换价方法收取；

（3）清偿法人所负到期债务，对未到期债务，应抛弃期限利益而提前清偿；

（4）清偿债务后有剩余财产的，应移交给有权获此财产的人。

49. 如何理解法人解散？

法人解散，是指已经成立的法人，因法人章程或者法定事由出现而停止法人的经营活动，并开始法人的清算，使法人资格消灭的法律行为。

法人解散是一个时间过程。法人解散虽然会导致法人归于消灭的结果，但是法人的最终消灭还需要从法律上经历一定的期间，此期间主要是进行清算相关工作。清算期间法人存续，但是不得从事与清算无关的活动。法人清算后的剩余财产，按照法人章程的规定或者法人权力机构的决议处理。法律另有规定的，依照其规定。清算结束并完成法人注销登记时，法人终止；依法不需要办理法人登记的，清算结束时，法人终止。

50. 法人解散的原因有哪些？

（1）法人章程规定的存续期间届满或者法人章程规定的其他解散事由出现；

（2）法人的权力机构决议解散；

（3）因法人合并或者分立需要解散；

（4）法人依法被吊销营业执照、登记证书，被责令关闭或者被撤销；

（5）法律规定的其他情形。

51. 什么是分支机构？分支机构如何承担民事责任？

分支机构，是指法人投资设立的、有固定经营场所、在核准登记的经营范围内以自己名义直接对外从事经营活动的、不具有法人资格，其民事责任由其隶属法人承担的经济组织。

分支机构以自己的名义从事民事活动，产生的民事责任由法人承担；也可以先以该分支机构管理的财产承担，不足以承担的，由法人承担。

52. 法人的分支机构有哪些特征？

分支机构的特征主要表现在以下四个方面：

（1）分支机构不具有法人资格，不能独立享有权利、承担责任；其一切行为的后果及责任由法人承担。

（2）分支机构没有独立的名称及章程；其对外从事经营活动必须以法人的名义，遵守法人的章程。

（3）分支机构在人事、经营上没有自主权；其主要业务活动及主要管理人员由法人决定并委任，并根据法人的委托或授权进行业务活动。

（4）分支机构没有独立的财产。其所有资产属于法人，并作为法人的资产列入其资产负债表中。

基于上述特性可知，分支机构不具有法人资格，其民事责任由法人承担；设立分支机构，应当向分支机构所在地的登记部门登记；分支机构在登记后应当领取分支机构的营业执照。

53. 我国的法人有哪些种类?

根据《民法典》规定，我国的法人分为营利法人、非营利法人和特别法人。

营利法人，是指以取得利润并分配给股东等出资人为目的成立的法人。营利法人包括有限责任公司、股份有限公司和其他企业法人等。

非营利法人，是指为公益目的或者其他非营利目的成立，不向出资人、设立人或者会员分配所取得利润的法人。

特别法人，是指营利法人和非营利法人以外的组织，具体包括：机关法人、农村集体经济组织法人、城镇农村的合作经济组织法人、基层群众性自治组织法人。

第二节　营利法人

54. 什么是营利法人？营利法人有哪些分类？

营利法人，是指以取得利润并分配给股东等出资人为目的成立的法人。营利法人包括有限责任公司、股份有限公司和其他企业法人等。

有限责任公司，是指由法定数量的股东组成，股东对公司债务所负责任仅以其出资额为限，公司以其全部资产对其债务承担责任的公司。股份有限公司，是指将全部资本分为等额股份，通过发行股票（或股权证）筹集资本，股东以其所认购股份对公司承担有限责任，公司以其全部资本对公司债务承担责任的公司。其他企业法人，是指除有限责任公司和股份有限公司外的营利法人，如中外合作企业法人。

55. 如何设立一个营利法人？

（1）依法登记成立。依法登记成立是营利法人存在的前提。

（2）申请登记并领取营业执照。依法设立的营利法人，由登记机关发给营利法人营业执照。营业执照签发日期为营利法人的成立日期。

（3）依法制定法人章程。章程是法人组织的根本大法，是确定法人权利和义务的文件。章程对法人存在的理由进行说明并加以限制，它不仅指出其成立的目的，而且指出其营业范围，投资者各方的权利、义务和责任等信息。

（4）设立权力机构。权力机构行使修改法人章程，选举或者更换执行机构、监督机构成员，以及法人章程规定的其他职权。

（5）设立执行机构。执行机构行使召集权力机构会议，决定法人的经营计划和投资方案，决定法人内部管理机构的设置，以及法人章程规定的其他职权。执行机构为董事会或者执行董事的，董事长、执行董事或者经理按照法人章程的规定担任法定代表人；未设董事会或者执行董事的，法人章程规定的主要负责人为其执行机构和法定代表人。

（6）设立监事会或者监事等监督机构的，监督机构依法行使检查法人财务，监督执行机构成员、高级管理人员执行法人职务的行为，以及法人章程规定的其他职权。

56. 营利法人的出资人有哪些职责?

营利法人的出资人不得滥用出资人权利损害法人或者其他出资人的利益；滥用出资人权利造成法人或者其他出资人损失的，应当依法承担民事责任。

营利法人的出资人不得滥用法人独立地位和出资人有限责任损害法人债权人的利益；滥用法人独立地位和出资人有限责任，

逃避债务，严重损害法人债权人的利益的，应当对法人债务承担连带责任。

第三节　非营利法人

57. 什么是非营利法人？非营利法人有哪些种类？

非营利法人，是指为公益目的或者其他非营利目的成立，不向出资人、设立人或者会员分配所取得利润的法人。

非营利法人包括事业单位、社会团体、捐助法人（基金会、社会服务机构）等。

事业单位法人，是指具备法人条件，为适应经济社会发展需要，提供公益服务设立的事业单位。事业单位法人可经依法登记成立，取得事业单位法人资格；依法不需要办理法人登记的，从成立之日起，具有事业单位法人资格。

社会团体法人，是指具备法人条件，基于会员共同意愿，为公益目的或者会员共同利益等非营利目的设立的社会团体。社会团体法人可经依法登记成立，取得社会团体法人资格；依法不需要办理法人登记的，从成立之日起，具有社会团体法人资格。

捐助法人，是指具备法人条件，为公益目的以捐助财产设立的基金会、社会服务机构等，经依法登记成立，取得捐助法人资格。依法设立的宗教活动场所，具备法人条件的，可以申请法人登记，取得捐助法人资格。法律、行政法规对宗教活动场所有规定的，依照其规定。

58. 捐助人有哪些权利？

捐助人就是向捐助法人无偿实施捐助行为的主体。捐助人可以是自然人，也可以是法人。为了保证捐助法人的规范运行，使捐助法人能够贯彻捐助人的意志，捐助人应当享有一些权利。《民法典》赋予了捐助人三项权利：

（1）查询捐助财产的使用、管理情况。捐助法人是捐助人出资设立的，为了避免捐助财产的使用和管理违反捐助人事先确定的目的，捐助人有权了解财产的使用和管理情况。

（2）有权提出意见和建议，以使得捐助财产的使用更符合捐助人事先确定的目的。《慈善法》第42条规定，“慈善组织违反捐赠协议约定的用途，滥用捐赠财产的，捐赠人有权要求其改正”。

（3）可以请求人民法院撤销捐助法人的违法决定。《民法典》第94条第2款规定：“捐助法人的决策机构、执行机构或者法定代表人作出决定的程序违反法律、行政法规、法人章程，或者决定内容违反法人章程的，捐助人等利害关系人或者主管机关可以请求人民法院撤销该决定。但是，捐助法人依据该决定与善意相对人形成的民事法律关系不受影响。”

第四节　特别法人

59. 什么是特别法人?

根据《民法典》第96条规定，特别法人是机关法人、农村集体经济组织法人、城镇农村的合作经济组织法人、基层群众性自治组织法人的统称。

机关法人，是指依法享有行政权力，并因行使职权的需要而享有相应的民事权利能力和民事行为能力的国家机关。有独立经费的机关和承担行政职能的法定机构从成立之日起，具有机关法人资格，可以从事为履行职能所需要的民事活动。机关法人被撤销的，法人终止，其民事权利和义务由继任的机关法人享有和承担；没有继任的机关法人的，由作出撤销决定的机关法人享有和承担。

农村集体经济组织依法取得法人资格，可以独立参加民事法律关系。法律、行政法规对农村集体经济组织有规定的，依照其规定。

城镇农村的合作经济组织依法取得法人资格，可以独立参加民事法律关系。法律、行政法规对城镇农村的合作经济组织有规定的，依照其规定。

居民委员会、村民委员会具有基层群众性自治组织法人资格，可以从事为履行职能所需要的民事活动。未设立村集体经济组织的，村民委员会可以依法代行村集体经济组织的职能。

第四章　非法人组织

60. 什么是非法人组织？非法人组织有哪些种类？

非法人组织，是指不具有法人资格，但是能够依法以自己的名义从事民事活动的组织。

非法人组织包括个人独资企业、合伙企业、不具有法人资格的专业服务机构等。个人独资企业，是指一个自然人投资，财产属投资人个人所有，投资人以其个人财产对企业债务承担无限责任的经营实体。合伙企业，是指由两个或两个以上的自然人通过订立合伙协议，共同出资经营，共负盈亏，共担风险的企业组织形式。

61. 非法人组织解散的情形有哪些？

有下列情形之一的，非法人组织解散：

（1）章程规定的存续期间届满或者章程规定的其他解散事由出现；

（2）出资人或者设立人决定解散；

（3）法律规定的其他情形。

非法人组织解散的，应当依法进行清算。

第五章　民事权利

62. 自然人享有哪些民事权利?

总的来说，自然人享有人身权和财产权。

人身权，是指与人身相联系或不可分离的没有直接财产内容的权利。自然人享有的人身权包含人格权和身份权。人格权，是指民事主体基于其法律人格而享有的、以人格利益为客体、为维护其独立人格所必需的权利。人格权又包括一般人格权和具体人格权。一般人格权包括人身自由、人身尊严等，自然人的人身自由、人格尊严受法律保护；具体人格权包括生命权、身体权、健康权、姓名权、肖像权、名誉权、隐私权等权利。身份权，是指自然人或法人依一定行为或相互之间的关系所发生的一种民事权利。身份权作为一种民事权利，它不仅为权利人的利益而设立，同时也为相对人的利益而设立，因此权利人依法行使法律赋予的各项身份权利，也必须履行相应的法定义务。身份权主要包括亲权、亲属权（监护权）、荣誉权等。

财产权，是指以财产利益为内容，直接体现财产利益的民事权利。自然人享有的财产权利包括物权和债权。物权，是指权利人依法对特定的物享有直接支配和排他的权利，包括所有权、用益物权和担保物权。债权，是指因合同、侵权行为、无因管理、不当得利以及法律的其他规定，权利人请求特定义务人为或者不为一定行为的权利。

此外，自然人依法享有继承权、知识产权、股权等法律规定的其他民事权利和利益。继承权、知识产权和股权既具有人身权属性，又具有财产权的属性。

63. 自然人的个人信息受到法律的保护吗？

随着社会的发展和网络信息时代的到来，我们在享受互联网和移动设备带来的便利的同时，也遭受个人信息被非法收集、使用、加工、买卖等一系列问题的困扰，因个人信息泄露而催生的网络诈骗和信息诈骗案件逐年递增。为了更好地保护自然人的合法权益，《民法典》第 111 条规定，自然人的个人信息受法律保护。任何组织或者个人需要获取他人个人信息的，应当依法取得并确保信息安全，不得非法收集、使用、加工、传输他人个人信息，不得非法买卖、提供或者公开他人个人信息。

64. 网络游戏账号遭盗取的，能否受到法律保护？

网络虚拟财产具有财产的特性，其被侵犯时依法应当受到保护。近年来，随着互联网的发展，网络游戏日渐盛行。网络游戏账号、网络游戏装备等也在玩家的时间、精力、金钱投入下有了使用价值和交换价值，具备了财产属性。而网络游戏账号、网络游戏装备遭盗取的现象屡见不鲜，根据《民法典》第 113 条规定，民事主体的财产权利受法律平等保护。当民事主体所有的数据、网络虚拟财产遭到非法侵犯时，法律同样提供保护。

第六章　民事法律行为

第一节　一般规定

65. 什么是民事法律行为？民事法律行为具有哪些特征？

民事法律行为是民事主体通过意思表示设立、变更、终止民事法律关系的行为。

民事法律行为具有如下特征：

（1）民事法律行为应是表意行为，属于民事行为。所谓表意行为，是指以表示意思的行为，或者意思表示的行为为构成要件的行为。意思表示是民事法律行为不可缺少的核心构成要素。如果法律行为能够产生主体预期的后果，按照民事主体的意思安排他们之间的权利义务关系，民事主体必须能够自主作出意思表示，而且这种意思表示能够依法在民事主体之间产生拘束力。民事法律行为可以基于双方或者多方的意思表示一致成立，也可以基于单方的意思表示成立。法人、非法人组织依照法律或者章程规定的议事方式和表决程序作出决议的，该决议行为成立。

（2）民事法律行为应是民事主体实施的以发生民事法律后果为目的的行为。民事主体，包括自然人、法人和非法人组织。只有民事主体实施的，能够引起民事法律后果的行为才为民事法律行为。民事法律行为所要求的目的性，只是一种可能性，不具有必然性，仅指民事主体实施民事法律行为所追求的法律后果，而不包括动机。

66. 民事主体之间从事民事法律行为可以采取哪几种形式？

《民法典》第135条规定，民事法律行为可以采用书面形式、口头形式或者其他形式；法律、行政法规规定或者当事人约定采用特定形式的，应当采用特定形式。

书面形式，是民事主体以文字表现民事主体所从事民事法律行为内容的形式，主要有合同、信件、数据电文（包括电报、电传、传真、电子数据交换和电子邮件）等可以有形地表现所载内容的形式。其优点是有据可查，发生纠纷时容易举证，便于分清责任。

口头形式，是指民事主体只用语言为意思表示，而不用文字表达协议为内容的民事法律行为。口头形式的优点是简便易行，在日常生活中被普遍采用；缺点是发生纠纷时不易取证，难以分清责任。

其他形式，是指除书面形式、口头形式外的从事民事法律行为的其他形式，主要包括：

（1）视听资料形式。根据最高人民法院《关于贯彻执行〈中华人民共和国民法通则〉若干问题的意见（试行）》第 65 条规定，民事主体以录音、录像等视听资料形式实施的民事行为，如有两个以上无利害关系人作为证人或者有其他证据证明该民事行为符合《民法通则》第 55 条的规定，可以认定有效。

（2）默示形式。默示形式是指当事人不是通过语言或者文字的方式来作出意思表示，而是通过一定的行为作出意思表示。《民法典》第 140 条规定，沉默只有在有法律规定、当事人约定或者符合当事人之间的交易习惯时，才可以视为意思表示。默示形式包括的范围也较为广泛。例如，房屋租赁合同期满后，出租人继续接受承租人所交纳的租金。根据这一特定的行为，可以推定当事人有延长房屋租赁合同的意思表示。

另外，法律、行政法规规定或者民事主体约定采用特定形式的，应当采用特定形式。例如，法律规定或者民事主体约定须对合同进行公证、鉴证、审批等程序时，合同必须采用书面形式。

67. 民事法律行为何时生效？其效力主要体现在哪些方面？

民事法律行为自成立时生效，但是法律另有规定或者民事主体另有约定的除外。例如，附条件生效或者附期限生效的民事法律行为，自条件成就或者期限届满时生效。

民事法律行为的效力体现在以下三个方面：

（1）对内效力，即民事法律行为在民事主体之间产生特定的法律效果。民事主体应当根据成立的民事法律行为享有权利、承担义务，而此处的权利义务不一定是民事主体所预期的，民事主体的约定不符合法律规定时，则不产生预期的权利义务关系，而是根据法律的规定来享有权利、承担义务。

（2）对外效力，即民事法律行为对民事主体以外的第三人发生一定的法律效果。民法实行意思自治，合同以外的第三人除有法律规定或合法授权外，不得干涉民事主体依民事法律行为所产生的权利的享有和义务的承担。

（3）责任效力，即民事主体违反法律行为的规定将依法承担民事责任。这种效力只是一种潜在的效力，在民事主体违反法律行为的规定时才转化成现实的法律后果。这种后果可能是民事责任的承担或更严厉的法律制裁。

第二节　意思表示

68. 如何确定民事主体意思表示的生效时间?

民事主体意思表示的生效时间根据其为意思表示时有无相对人而有所不同。

（1）有相对人。有相对人的意思表示又分为以对话方式作出的意思表示和以非对话方式作出的意思表示。以对话方式作出的意思表示，相对人知道其内容时生效。以非对话方式作出的意思表示，到达相对人时生效。以非对话方式作出的采用数据电文形式的意思表示，相对人指定特定系统接收数据电文的，该数据电文进入该特定系统时生效；未指定特定系统的，相对人知道或者应当知道该数据电文进入其系统时生效。当事人对采用数据电文形式的意思表示的生效时间另有约定的，按照其约定。

（2）无相对人。无相对人的意思表示，表示完成时生效。法律另有规定的，依照其规定。

此外，以公告方式作出的意思表示，公告发布时生效。

69. 意思表示可以撤回吗？

意思表示的撤回，是指在有相对人且以非对话方式作出意思表示的前提下，意思表示在发生法律效力之前，意思表示人欲使其不发生法律效力而取消意思表示的行为。有相对人且以非对话方式作出意思表示的情况下，意思表示在到达相对人时生效，对意思表示人产生法律约束力。在意思表示未生效时，相对人尚不知道意思表示的内容，不会损害相对人的利益，意思表示人有权采取措施撤回意思表示，阻止意思表示生效，即意思表示人撤回意思表示的通知如果先于意思表示到达相对人，则该意思表示不发生法律约束力。另外，如果撤回意思表示的通知与意思表示同时到达相对人，此时相对人就会对意思表示是否有效产生疑问，不会基于对该意思表示的信赖而行事，其利益也就不会因意思表示的撤回而受到任何损害。在这种情况下，赋予意思表示人撤回意思表示的权利也是公平合理的。

70. 当民事主体对意思表示的解释产生争议时，应该如何解决？

根据《民法典》第 142 条规定，有相对人的意思表示的解释，应当按照所使用的词句，结合相关条款、行为的性质和目的、习惯以及诚信原则，确定意思表示的含义。

无相对人的意思表示的解释，不能完全拘泥于所使用的词句，而应当结合相关条款、行为的性质和目的、习惯以及诚信原则，确定行为人的真实意思。

第三节　民事法律行为的效力

71. 有效的民事法律行为需要具备哪些条件？

有效的民事法律行为需要具备以下三个条件：一是行为人具有相应的民事行为能力；二是意思表示真实；三是不违反法律、行政法规的强制性规定，不违背公序良俗。具体而言：

（1）有相应的民事行为能力，是指行为人的民事行为能力同其所为的民事法律行为要相适应。

①就自然人而言，完全民事行为能力人可以自己的行为取得民事权利，履行民事义务；限制民事行为能力人只能从事与其年龄、智力、精神健康状况相当的民事法律行为，其他行为须经其法定代理人的事前同意或事后追认才能有效；无民事行为能力人实施的民事法律行为无效。但是，无民事行为能力人和限制民事行为能力人所为的纯获利益的行为（如接受奖励、赠与、报酬等）有效。

②就法人而言，其民事行为能力是由法人的核准登记的经营范围决定的，其超出自己的经营范围和业务范围而为的民事行为，属于欠缺相应民事行为能力的无效民事行为，不发生法律效力，但基于对交易安全和市场秩序稳定的考虑，《最高人民法院关于适用〈中华人民共和国合同法〉若干问题的解释（一）》规定，当事人超越经营范围订立合同，不应认定合同无效，但违反国家限制、特许经营以及法律、行政法规规定禁止经营的除外。

（2）意思表示真实，是指行为人表现于外部的意思与其内心的真实意愿是一致的。包括两个方面：①“意思自由”，即当事人的意思表示是自愿作出的，不存在欺诈、胁迫等干涉和妨害其意思表示的因素。②“表示一致”，即行为人的主观意愿和外在意思表示是一致的，不存在误解、表示错误等妨害意思表示一致的因素。

（3）不违反法律、行政法规的强制性规定，是指不得违反全国人大及其常委会制定的法律和国务院制定的行政法规，而不包含地方性法规和行政规章。不违背公序良俗，是指不违背公共秩序和善良风俗。

72. 限制民事行为能力人和无民事行为能力人所从事民事行为的效力应如何认定?

（1）无民事行为能力人和限制民事行为能力人接受奖励、赠与、报酬，他人不得以行为人无行为能力、限制行为能力为由，主张以上行为无效。

（2）除上述情形外，无民事行为能力人所从事的民事行为无效。

（3）限制民事行为能力人从事与其行为年龄、智力、精神健康状况相适应的民事行为有效。

（4）限制民事行为能力人超出其行为能力范围所从事的民事行为须经法定代理人同意或者追认后有效，相对人可以催告法定代理人自收到通知之日起 30 日内予以追认。法定代理人收到通知后未作表示的，视为拒绝追认。民事法律行为被追认前，善意相对人有撤销的权利。撤销应当以通知的方式作出。

（5）限制民事行为能力人实施的单方民事行为，因无相对人参加，不存在相对人的利益保护问题，故应为无效。

73. 什么是可撤销的民事法律行为?

可撤销的民事法律行为，是指已经成立的民事法律行为因欠缺民事法律行为的非根本性有效条件，法律并不使之绝对无效，而是赋予相对人撤销权的民事行为。

可撤销的民事法律行为从成立时具备民事法律行为的生效要件，具有法律效力，但其法律效力具有相对性，即允许当事人撤销。权利人表示永不行使撤销权，或撤销权超过除斥期间而消灭的，该民事法律行为变为确定有效的民事法律行为；权利人依法行使撤销权，民事法律行为经撤销后，其效力溯及民事行为成立时，即撤销使民事法律行为无效的，自始无效。

74. 哪些民事法律行为可撤销?

可撤销的民事法律行为有以下四种：一是基于重大误解实施的民事法律行为。二是一方以欺诈手段，使对方在违背真实意思的情况下实施的民事法律行为；另外，第三人实施欺诈行为，使一方在违背真实意思的情况下实施的民事法律行为，且对方知道或者应当知道该欺诈行为的。三是一方或者第三人以胁迫手段，使对方在违背真实意思的情况下实施的民事法律行为。四是一方利用对方处于危困状态、缺乏判断能力等情形，致使民事法律行为成立时显失公平的。

75. 如何理解可撤销民事法律行为中的重大误解?

重大误解，是指行为人因对行为的性质、对方当事人、标的物的品种、质量、规格和数量等的错误认识，使行为的后果与自己的意思相悖，并造成较大损失的，可以认定为重大误解。重大误解的构成要满足下列条件：

（1）当事人产生了认识上的错误并作出了错误的意思表示。当事人可能因缺乏必要的知识、技能和信息，也可能是因为缺乏必要的交易能力或经验，对合同的内容发生错误认识，从而作出意思表示。

（2）行为人的误解与其作出意思表示之间有因果关系。

（3）误解是由误解方自己的过错造成的。

（4）误解是误解方非故意的行为。

（5）误解方受到较大经济损失。

根据《民法典》第147条规定，基于重大误解实施的民事法律行为，行为人有权请求人民法院或者仲裁机构予以撤销。

76. 如何理解可撤销民事法律行为中的欺诈？

欺诈，是指一方当事人故意告知对方虚假情况，或者故意隐瞒真实情况，使对方陷入错误认识而与其建立民事法律关系。判断从事民事法律行为的过程中是否存有欺诈，可以从以下几个方面考虑：

（1）欺诈方具有欺诈的故意，即欺诈的一方明知自己告知对方的情况是虚假的且会使对方陷入错误认识，但希望或放任这种结果的发生。

（2）欺诈方实施了欺诈行为。实践中表现为故意陈述虚假事实或者故意隐瞒事实真相而使对方陷入错误认识。欺诈行为可以以明示的方式作出，也可以以默示的方式作出。

（3）被欺诈的一方因认识欺诈而陷入错误认识。

（4）被欺诈的一方因认识错误而在违背真实意思的情况下与之建立民事法律关系，即欺诈行为与建立民事法律关系之间有因果关系。

根据《民法典》第 148 条、第 149 条规定，一方以欺诈手段，使对方在违背真实意思的情况下实施的民事法律行为，受欺诈方有权请求人民法院或者仲裁机构予以撤销；第三人实施欺诈行为，使一方在违背真实意思的情况下实施的民事法律行为，对方知道或者应当知道该欺诈行为的，受欺诈方有权请求人民法院或者仲裁机构予以撤销。

77. 如何理解可撤销民事法律行为中的胁迫？

胁迫，是指以将来发生的损害或以直接施加损害相威胁，使对方产生恐惧而与之建立民事法律关系。民事法律行为构成胁迫需要满足以下条件：

（1）胁迫人具有胁迫的故意。首先，胁迫人意识到自己的行为将给对方造成心理上的恐怖而故意进行威胁；其次，胁迫人希望通过胁迫使对方作出某种意思表示。

（2）胁迫人实施了胁迫行为，即以将来发生的损害或以直接施加损害相威胁。

（3）受胁迫者因胁迫而在违背真实意思的情况下与之建立民事法律关系。

（4）胁迫行为是非法的。如果有合法依据而给对方施加压力则不构成胁迫，如受赠人损害赠与人利益的，赠与人以撤销赠与使受赠人停止非法行为。

根据《民法典》第150条规定，一方或者第三人以胁迫手段，使对方在违背真实意思的情况下实施的民事法律行为，受胁迫方有权请求人民法院或者仲裁机构予以撤销。

78. 如何理解可撤销民事法律行为中的显失公平？

显失公平，是指一方当事人利用优势或者利用对方没有经验，致使双方的权利与义务明显违反公平、等价有偿原则的，可以认定为显失公平。显失公平存在下述特征：

（1）发生在民事法律行为发生之时；

（2）一方获得的利益超过了法律允许的限度，明显不公平；

（3）受害的一方缺乏经验或者处于危困状态、缺乏判断能力等情形。

根据《民法典》第151条规定，一方利用对方处于危困状态、缺乏判断能力等情形，致使民事法律行为成立时显失公平的，受损害方有权请求人民法院或者仲裁机构予以撤销。

79. 撤销权消灭的情形有哪些？

根据《民法典》第152条规定，有下列情形之一的，撤销权消灭：

（1）当事人自知道或者应当知道撤销事由之日起1年内、重大误解的当事人自知道或者应当知道撤销事由之日起90日内没有行使撤销权；

（2）当事人受胁迫，自胁迫行为终止之日起1年内没有行使撤销权；

（3）当事人知道撤销事由后明确表示或者以自己的行为表明放弃撤销权。

当事人自民事法律行为发生之日起5年内没有行使撤销权的，撤销权消灭。

80. 什么是无效民事法律行为？

无效民事法律行为，是指已经成立的民事法律行为因不具备民事法律行为的有效要件，因而根本不能引起行为人意思表示内容要求的民事法律后果。民事法律行为无效的含义有三：一是无效民事法律行为不具备民事法律行为的有效条件。二是根本不产生行为人意思表示所要求的法律效果。即不能按照当事人意思表示的内容发生、变更、终止民事法律关系，但可引起其他法律后果。三是无效民事法律行为是确定的、绝对的、自始的无效。所谓确定无效，即不存在因补正或者其他方式变通而再发生法律效力的可能性。所谓绝对无效，即无须任何人主张，也无须法院或仲裁机关确定和宣告其无效，是不附条件的绝对无效。所谓自始无效，即从行为开始时就没有法律约束力。

81. 民事法律行为无效的情形有哪些?

民事法律行为无效的情形有以下六种：

（1）无民事行为能力人实施的民事法律行为无效；

（2）限制民事行为能力人实施的与其年龄、智力、精神健康状况不相适应的民事法律行为，法定代理人事前不同意或事后不予追认的，该民事法律行为无效；

（3）行为人与相对人以虚假的意思表示实施的民事法律行为无效；

（4）行为人与相对人恶意串通，损害他人合法权益的民事法律行为无效；

（5）违反法律、行政法规的强制性规定的民事法律行为无效，但是该强制性规定不导致该民事法律行为无效的除外；

（6）违背公序良俗的民事法律行为无效。

82. 民事法律行为无效或被撤销后的法律后果有哪些?

民事法律行为无效或者被撤销的法律后果，是指无效民事行为或者可撤销民事行为的当事人，基于行为无效或者被撤销的法律事实，依法应承担的返还财产、赔偿损失等民事责任。民事行为被确认无效或者被撤销的，从行为成立时起就没有法律效力，但是这种无效只是不产生当事人预期的法律效果，仍会产生法律直接规定的效果。具体而言，民事法律行为无效或被撤销后的法律后果有以下两个：

（1）返还财产。返还财产，是指民事行为被确认为无效或者被撤销后，当事人因该行为取得的财产，应当返还给受损失的一方。如果一方取得，取得方应该将该财产返还给对方；如果双方取得，双方相互返还。返还财产的范围，以全部返还为原则。这意味着，对方给付的财产，无论返还时是否存在，原则上返还义务人须按原数或者原价返还。如果原物存在应以原物返还；如果原物有损坏，应予以修复后返还或给付相当的补偿；如果对方给付的是金钱，除了返还本金以外，还应按银行利率支付利息；如果对方给付的是劳务、无形财产或者其他不能返还的利益，则应折算为一定的金钱，予以偿还。

（2）赔偿损失。赔偿损失，是指民事行为被确认无效或者被撤销后，有过错的当事人应当赔偿对方的损失；双方都有过错的，则应各自承担相应的责任。其中“过错”包括故意和过失，无论是出于故意还是过失只要给对方当事人造成损失，均要承担赔偿责任。所谓各自承担相应的责任，是指按照双方各自过错的程度以及对造成民事行为无效或被撤销所起作用的大小，来确定他们所应承担的份额。实践中，通常是将依双方过错确定的损失承担额与各自的损失相抵后，对仍有损失的一方进行赔偿。

应注意，民事责任的承担并不免除当事人承受其他民事责任乃至行政责任的义务；而情节严重的，还要追究当事人的刑事责任。

第四节　民事法律行为的附条件和附期限

83. 民事法律行为可以附条件吗?

根据《民法典》第 158 条、第 159 条规定，民事法律行为可以附条件，但是根据其性质不得附条件的除外。附生效条件的民事法律行为，自条件成就时生效。附解除条件的民事法律行为，自条件成就时失效。附条件的民事法律行为，当事人为自己的利益不正当地阻止条件成就的，视为条件已成就；不正当地促成条件成就的，视为条件不成就。

在附条件民事法律行为中，所附条件必须满足以下五个方面的要求:（1）条件必须是将来的、尚未发生的事实。（2）条件必须是可能发生的事实。（3）作为条件的事实是否发生以及何时发生是不能预见的。（4）作为条件的事实应当是合法的，违法事实不得作为条件。（5）作为条件的事实应当是当事人约定的，而不能是法律规定的。否则，所产生的权利义务就是法定的，而非当事人约定的权利义务。

84. 民事法律行为可以附期限吗?

附期限民事法律行为，是指当事人选定将来确定发生的事实——一定期限的届至作为决定效力发生或终止依据的民事法律行为。期限和条件是不同的，期限是确定发生的事实，而条件的成就与否是不确定的。

根据《民法典》第160条规定，民事法律行为可以附期限，但是根据其性质不得附期限的除外。附生效期限的民事法律行为，自期限届至时生效。附终止期限的民事法律行为，自期限届满时失效。

第七章　代理

第一节　一般规定

85. 什么是代理？

代理，是指代理人在代理权限内，以被代理人的名义独立与第三人进行法律行为，由此产生的权利和义务直接归属于被代理人的法律制度。理解代理的意义需注意以下几点：

（1）代理关系涉及三方民事主体。代理行为引起代理关系，该关系由三方民事主体构成：代理人、被代理人（也称本人）、第三人。

（2）代理是向相对人为意思表示或自相对人处接受意思表示。

（3）代理须以本人名义实施。

（4）代理的法律效果直接对于本人发生。所谓直接，系指自始并当然地对本人发生，而非先由代理人承受，然后再转移于本人。

（5）不是所有的民事法律行为都能代理。依照法律规定、民事主体约定或者民事法律行为的性质，应当由本人亲自实施的民事法律行为，不得代理。

代理有狭义和广义之分。狭义的代理指直接代理，即以被代理人的名义进行的民事法律行为，后果直接归属于被代理人。广义的代理包括直接代理和间接代理。间接代理又称隐名代理，是指代理人以自己的名义进行民事法律行为，而使其后果间接地归属于被代理人。我国《民法典》规定的是直接代理。

86. 代理有哪些种类？

代理包括委托代理和法定代理。

委托代理，是指代理人按照被代理人的委托而进行的代理。委托代理行为所享有的代理权，是被代理人授予的，所以委托代理又称授权代理。授权行为是一种单方民事法律行为，仅凭被代理人一方授权的意思表示，代理人就取得代理权，故委托代理又称为意定代理。

法定代理，是指根据法律的直接规定而发生的代理关系。法定代理主要是为无民事行为能力人和限制民事行为能力人设立代理人的方式。法定代理产生的根据是代理人与被代理人之间存在的血缘关系、婚姻关系、组织关系等。法定代理人所享有的代理权是由法律直接规定的，与被代理人的意志无关。

第二节　委托代理

87. 什么是授权委托书？授权委托书应当载明哪些事项？

授权委托书是由被代理人制作的证明代理人有代理权及其权限范围的书面凭证。授权委托书只存在于委托代理中，在法定代理和指定代理中则不存在。授权委托书包括代理人的姓名或名称、代理事项、代理权的权限范围、代理权的有效期限、被代理人的签名、盖章等内容。在日常生活中，介绍信也被当作授权委托书使用，司法实践承认其效力。

授权委托书中应载明授权权限，不能笼统地写上“全权代理”“部分代理”“一般代理”“特定代理”“法律上的帮助”等条款，必须具体写明权限范围。因授权委托书授权不明而对第三人造成损害的，被代理人向第三人承担民事责任，代理人负连带责任。代理人所负的连带责任应是补充责任，即首先由被代理人承担民事责任，在被代理人无力承担全部责任时才由代理人承担补充责任。

88. 什么是禁止代理的行为？哪些行为禁止代理？

禁止代理的行为，是指依据法律规定或按照双方民事主体约定应当由本人实施而不得代理的民事法律行为或者依其性质本身不适用代理的行为。

禁止代理的行为可以概括为以下几类：

（1）具有人身性质的法律行为。例如，受约演出、受约绘图、受约设计等行为，因与债务人的思想水平、创作能力分不开，必须由债务人亲自履行；还有立遗嘱、解除婚姻关系等具有人身属性的行为。

（2）被代理人无权进行的行为。代理人所代理的行为必须是被代理人有权进行的，这是代理行为的前提。

（3）双方民事主体约定应由本人亲自实施的民事法律行为不适用代理。

（4）违法行为或法律禁止的行为禁止代理。例如，私自买卖枪支弹药、毒品等行为。当代理人知道或者应当知道代理事项违法仍然实施代理行为，或者被代理人知道或者应当知道代理人的代理行为违法未作反对表示的，被代理人和代理人应当承担连带责任。

（5）事实行为禁止代理。代理行为是以代理人独立意思表示为特征的。事实行为不以意思表示为构成要素，如代理人照看小孩就是事实行为，所以禁止代理。

89. 什么是复代理？复代理有哪些特征？

复代理，即转委托代理，是指代理人为了被代理人利益将其所享有的代理权转托他人而产生的代理。复代理人是被代理人的代理人，以被代理人的名义为法律行为，其行为的法律效果直接归属于被代理人而不必经过原代理人的中间环节。在发生复代理之后，复代理人并不取代原代理人，原代理人的地位不变，而是由复代理人分担了他的部分或全部职责。复代理人的代理权限只能小于或等于原代理人的权限。

复代理具有如下特征：（1）复代理人是行使代理人权限的人，其代理权限以原代理人的权限为限。（2）代理人以自己名义选任第三人为复代理人，代理人对复代理人有监督权、解任权和发出指示权。（3）复代理人是被代理人的代理人而非原代理人的代理人，其所为法律行为的后果直接由被代理人承担。（4）复代理需要取得代理人的同意或追认。转委托代理未经被代理人同意或者追认的，代理人应当对转委托的第三人的行为承担责任，但是在紧急情况下代理人为了维护被代理人的利益需要转委托第三人代理的除外。

90. 什么是无权代理？ 无权代理有哪些特征？

无权代理，是指行为人不具有代理权、超越代理权或者代理权终止后，以他人名义实施的法律行为。

无权代理有以下法律特征：

（1）须行为人以他人名义同第三人实施民事行为，即以意思表示为要素的行为。如果行为人实施的是管理他人事务的事实行为的，则有可能构成无因管理。

（2）行为人不具有代理权。一是没有代理权，即根本未经授权或授权无效。二是超越代理权，即代理人在行使代理权过程中超越了原授权范围。三是代理权终止后的代理，即原代理权已经因为一定法律事实的出现而消灭，行为人仍以原被代理人名义实施代理行为。

（3）客观表面上没有足以使人相信行为人有代理权的事由。如果表面上有足以使人相信行为人有代理权的事由，则构成表见代理。

（4）无权代理属于效力未定的民事行为。即经被代理人追认可转化为有权代理而有效；也可因被代理人拒绝承认使代理无效，而由行为人负责。

91. 无权代理有哪些类型？

无权代理主要有以下三种类型：

（1）未经授权的无权代理。包括未经委托授权而以他人名义进行代理活动，以及法定代理人以外的人以无民事行为能力人、限制民事行为能力人的名义进行活动等情况。实践中，常见的如盗用单位介绍信、空白合同书订立合同。

（2）超越代理权限的无权代理。即代理人有被代理人的授权，但其实施的代理行为超越了授权范围，超越代理权限的部分，为无权代理。如果代理权限未经公示，第三人也不得而知，则构成表见代理，发生有权代理的法律效果。

（3）代理权终止后的无权代理。此种类型又具体分为如下两种情况：一是代理人不知其代理权消灭而继续进行代理活动，这种情形代理人属于善意行为，根据具体情况确定由被代理人承担还是代理人承担其后果。二是代理人明知其代理权消灭而继续进行代理活动。这种情形代理人属于恶意行为，按无权代理法律后果处理。

92. 什么是表见代理？构成表见代理需要具备哪些条件？

表见代理，是指善意相对人根据被代理人的行为足以相信无权代理人具有代理权，并基于此种信赖与无权代理人进行交易行为，由此产生的法律后果由被代理人承担的代理。表见代理对第三人与被代理人发生有权代理的法律效果，第三人有权要求被代理人承受代理行为产生的权利义务，被代理人不得以表见代理人无代理权为由对善意第三人进行抗辩。

构成表见代理需要满足以下几个要件：

（1）无权代理人没有获得本人的明确授权。通常来说，无权代理主要是行为人没有代理权、超越代理权或者代理权终止后仍然实施代理行为造成的。例外情况下也有因本人授权不明而发生无权代理的。

（2）客观上存在着使善意相对人相信无权代理人拥有代理权的正当理由。例如，无权代理人是本人的高级管理人员、无权代理人持有代理证书或者委任状，等等。

（3）相对人主观上是善意的、无过失的。相对人不知道无权代理人没有代理权，而且这种不知道不是由相对人的疏忽大意或者懈怠所造成的，相对人对此没有过失。在认定相对人是否善意无过失方面，应当综合考虑法律行为发生的原因、条件、环境因素、行为人的职业特征、假象的掩蔽程度和普通人对假象的认知程度等多种因素。

（4）无权代理行为的发生与本人有关。如果无权代理行为的发生与本人没有任何关系，如无权代理人私刻本人公章、伪造本人的营业执照或者合同书后假冒本人名义与他人进行交易，此时本人没有任何过错，并且也是无权代理行为的受害者，如果让本人承担因此种交易而产生的责任是不公平的。

第三节 代理终止

93. 被代理人死亡后，委托代理人实施的行为是否有效？

根据《民法典》第173条规定，有下列情形之一的，委托代理终止：（1）代理期限届满或者代理事务完成；（2）被代理人取消委托或者代理人辞去委托；（3）代理人丧失民事行为能力；（4）代理人或者被代理人死亡；（5）作为代理人或者被代理人的法人、非法人组织终止。因此，被代理人死亡后，委托代理关系终止，代理人不得再实施委托代理的行为。

但是，在以下四种情形下，被代理人死亡后，委托代理人实施的代理行为仍然有效：（1）代理人不知道且不应当知道被代理人死亡；（2）被代理人的继承人予以承认；（3）授权中明确代理权在代理事务完成时终止；（4）被代理人死亡前已经实施，为了被代理人的继承人的利益继续代理。

第八章　民事责任

94. 承担民事责任的方式有哪些?

根据《民法典》第179条规定，民事主体承担民事责任的方式主要有以下11种:（1）停止侵害;（2）排除妨碍;（3）消除危险;（4）返还财产;（5）恢复原状;（6）修理、重作、更换;（7）继续履行;（8）赔偿损失;（9）支付违约金;（10）消除影响、恢复名誉;（11）赔礼道歉。

此外，法律规定惩罚性赔偿的，依照其规定。以上11种承担民事责任的方式，可以单独适用，也可以合并适用。

95. 民事责任免予承担的情形有哪些?

根据《民法典》第180条、181条、182条、184条规定，民事责任免予承担的情形主要有以下几种:

（1）因不可抗力不能履行民事义务的，不承担民事责任。不可抗力是指不能预见、不能避免且不能克服的客观情况。但是，法律另有规定的，不可抗力不作为免责事由。例如，①《邮政法》

规定：保价邮件因不可抗力的原因造成损失的，邮政企业应当负赔偿责任。②在适用无过错责任原则和公平责任原则的侵权行为中，除非法律明确规定不可抗力成为免责事由，否则侵权行为人仍要承担民事责任。

（2）因正当防卫造成损害的，不承担民事责任。正当防卫作为一种抗辩事由，是指为避免本人或他人的合法利益遭受现实的不法侵害而实施的防卫措施。正当防卫实际上是法律赋予自然人的一种对正当权益的保护权，从性质上说是一种自力救济。正当防卫成为抗辩事由应具备的要件：①正当防卫必须以现实的和正在发生的侵害行为为前提；②正当防卫必须是针对不法侵害所实施的；③正当防卫必须以保护合法权益为目的；④正当防卫必须适度。正当防卫超过必要限度的，应承担适当的民事责任。

（3）因紧急避险造成损害的，由引起险情发生的人承担民事责任。紧急避险作为一种抗辩事由，是指为了使公共利益、本人或他人的合法权益免受现实和紧急的损害危险，不得已而采取的致他人损害的行为。紧急避险作为免责事由，必须具备以下条件：①必须有合法的权益受到损害的紧急危险；②必须是在不得已的情况下采取避险措施；③紧急避险行为不得超过必要限度，即避险行为引起的损害应轻于所避免的损害。

（4）因自愿实施紧急救助行为造成受助人损害的，救助人不承担民事责任。

第九章　诉讼时效

96. 什么是诉讼时效?

诉讼时效，是指民事权利受到侵害的权利人在法定的时效期间不行使权利，当时效期间届满时，即丧失了请求人民法院依诉讼程序强制义务人履行义务的权利的制度。诉讼时效是权利人行使请求权，获取人民法院保护其民事权利的法定时间界限。它包含两层意思，一是权利人在此时间内享有依诉讼程序请求人民法院予以保护的权利；二是这一权利在此时间内连续不行使即丧失胜诉权。

普通诉讼时效期间是由民法典统一规定、普遍适用于法律没有作特别诉讼时效期间规定的各种民事法律关系的时效期间。除特别法另有规定外，所有的民事法律关系皆适用普通诉讼时效期间。我国《民法典》第 188 条规定了普通诉讼时效期间为 3 年。诉讼时效期间自权利人知道或者应当知道权利受到损害以及义务人之日起计算。

此外，法律对诉讼时效另有规定的，依照其规定。但自权利受到损害之日起超过 20 年的，人民法院不予保护；有特殊情况的，人民法院可以根据权利人的申请决定延长。

97. 诉讼时效中止的情形有哪些?

诉讼时效中止，是指在诉讼时效期间，因发生法定事由阻碍权利人行使请求权，时效期间依法暂时停止计算，并在法定事由消失之日起继续计算的情况，又称为时效的暂停。

根据《民法典》第 194 条规定，在诉讼时效期间的最后 6 个月内，因下列障碍，不能行使请求权的，诉讼时效中止:（1）不可抗力;（2）无民事行为能力人或者限制民事行为能力人没有法定代理人，或者法定代理人死亡、丧失民事行为能力、丧失代理权;（3）继承开始后未确定继承人或者遗产管理人;（4）权利人被义务人或者其他人控制;（5）其他导致权利人不能行使请求权的障碍。自中止时效的原因消除之日起满 6 个月，诉讼时效期间届满。

98. 诉讼时效中断的情形有哪些?

诉讼时效中断，是指已开始的诉讼时效因发生法定事由不再进行，并使已经经过的时效期间丧失效力。从中断、有关程序终结时起，诉讼时效期间重新计算。

根据《民法典》第 195 条规定，有下列情形之一的，诉讼时效中断，从中断、有关程序终结时起，诉讼时效期间重新计算:（1）权利人向义务人提出履行请求;（2）义务人同意履行义务;（3）权利人提起诉讼或者申请仲裁;（4）与提起诉讼或者申请仲裁具有同等效力的其他情形。

99. 哪些请求权不适用诉讼时效的规定?

根据《民法典》第 196 条规定，下列请求权不适用诉讼时效的规定：

（1）请求停止侵害、排除妨碍、消除危险；

（2）不动产物权和登记的动产物权的权利人请求返还财产；

（3）请求支付抚养费、赡养费或者扶养费；

（4）依法不适用诉讼时效的其他请求权。

100. 诉讼时效和除斥期间有什么区别?

诉讼时效，是指民事权利受到侵害的权利人在法定的时效期间内不行使权利，当时效期间届满时，即丧失了请求人民法院依诉讼程序强制义务人履行义务的权利的制度。除斥期间，又称预定期间，是指某种权利的法定存续期间。诉讼时效和除斥期间都是因一定期间的经过而发生权利消灭的法律效果的法律事实，但两者存在如下区别：

（1）诉讼时效由权利不行使的事实状态和法定期间的经过两个要件构成；而除斥期间只要一个要件，即法定期间的经过。

（2）诉讼时效消灭不行使的权利的胜诉权，即实体意义上的诉权，而不消灭不行使的实体权利本身；除斥期间则消灭实体权利。

（3）诉讼时效的法定时效期间是可变期间，可以中止、中断、延长；除斥期间为不变期间，不能中止、中断或延长。

（4）诉讼时效期间始于权利人知道或应当知道权利被侵害之日；除斥期间的起算点是该权利的产生之日。

《民法典》第 199 条规定的撤销权和解除权就是除斥期间，该条规定，法律规定或者当事人约定的撤销权、解除权等权利的存续期间，除法律另有规定外，自权利人知道或者应当知道权利产生之日起计算，不适用有关诉讼时效中止、中断和延长的规定。存续期间届满，撤销权、解除权等权利消灭。

第十章　期间计算

101. 什么是期间?

期间，是指民事法律关系产生、变更和终止的时间。期间可以表现为某个不可分割的时刻，如某年、某月、某日，称为期日；也可表现为从一时刻到另一时刻的时间过程，如自某年某月某日起至某年某月某日止。民法上的期间与一定的民事法律后果相联系，是民事法律关系产生、变更和终止的根据，故期间是一种法律事实，一般把期间列入事件的范畴。

在社会生活中，期间是民事流转正常进行的一个重要因素，在民事活动中具有重要意义，我国《民法典》总则编在第十章对期间进行了统一规定，期间按照公历年、月、日、小时计算。按照年、月、日计算期间的，开始的当日不计入，自下一日开始计算。按照小时计算期间的，自法律规定或者当事人约定的时间开始计算。

按照年、月计算期间的，到期月的对应日为期间的最后一日；没有对应日的，月末日为期间的最后一日。期间的最后一日是法定休假日的，以法定休假日结束的次日为期间的最后一日。期间的最后一日的截止时间为二十四时；有业务时间的，停止业务活动的时间为截止时间。

附录

中华人民共和国民法典（节录）

（2020年5月28日第十三届全国人民代表大会第三次会议通过）

第一编　总　　则

第一章　基本规定

第一条　【立法目的和依据】[1] 为了保护民事主体的合法权益，调整民事关系，维护社会和经济秩序，适应中国特色社会主义发展要求，弘扬社会主义核心价值观，根据宪法，制定本法。

第二条　【调整范围】民法调整平等主体的自然人、法人和非法人组织之间的人身关系和财产关系。

第三条　【民事权利及其他合法权益受法律保护】民事主体的人身权利、财产权利以及其他合法权益受法律保护，任何组织或者个人不得侵犯。

第四条　【平等原则】民事主体在民事活动中的法律地位一律平等。

第五条　【自愿原则】民事主体从事民事活动，应当遵循自愿原则，按照自己的意思设立、变更、终止民事法律关系。

---

① 条文主旨为编者所加，下同。

第六条 【公平原则】民事主体从事民事活动，应当遵循公平原则，合理确定各方的权利和义务。

第七条 【诚信原则】民事主体从事民事活动，应当遵循诚信原则，秉持诚实，恪守承诺。

第八条 【守法与公序良俗原则】民事主体从事民事活动，不得违反法律，不得违背公序良俗。

第九条 【绿色原则】民事主体从事民事活动，应当有利于节约资源、保护生态环境。

第十条 【处理民事纠纷的依据】处理民事纠纷，应当依照法律；法律没有规定的，可以适用习惯，但是不得违背公序良俗。

第十一条 【特别法优先】其他法律对民事关系有特别规定的，依照其规定。

第十二条 【民法的效力范围】中华人民共和国领域内的民事活动，适用中华人民共和国法律。法律另有规定的，依照其规定。

第二章　自　然　人

第一节　民事权利能力和民事行为能力

第十三条 【自然人民事权利能力的起止时间】自然人从出生时起到死亡时止，具有民事权利能力，依法享有民事权利，承担民事义务。

第十四条 【民事权利能力平等】自然人的民事权利能力一律平等。

第十五条 【出生和死亡时间的认定】自然人的出生时间和死亡时间，以出生证明、死亡证明记载的时间为准；没有出生证明、死亡证明的，以户籍登记或者其他有效身份登记记载的时间为准。有其他证据足以推翻以上记载时间的，以该证据证明的时间为准。

第十六条 【胎儿利益保护】涉及遗产继承、接受赠与等胎儿利益保护的，胎儿视为具有民事权利能力。但是，胎儿娩出时为死体的，其民事权利能力自始不存在。

第十七条 【成年时间】十八周岁以上的自然人为成年人。不满十八周岁的自然人为未成年人。

第十八条 【完全民事行为能力人】成年人为完全民事行为能力人，可以独立实施民事法律行为。

十六周岁以上的未成年人，以自己的劳动收入为主要生活来源的，视为完全民事行为能力人。

第十九条 【限制民事行为能力的未成年人】八周岁以上的未成年人为限制民事行为能力人，实施民事法律行为由其法定代理人代理或者经其法定代理人同意、追认；但是，可以独立实施纯获利益的民事法律行为或者与其年龄、智力相适应的民事法律行为。

第二十条 【无民事行为能力的未成年人】不满八周岁的未成年人为无民事行为能力人，由其法定代理人代理实施民事法律行为。

第二十一条 【无民事行为能力的成年人】不能辨认自己行为的成年人为无民事行为能力人，由其法定代理人代理实施民事法律行为。

八周岁以上的未成年人不能辨认自己行为的，适用前款规定。

第二十二条 【限制民事行为能力的成年人】不能完全辨认自己行为的成年人为限制民事行为能力人，实施民事法律行为由其法定代理人代理或者经其法定代理人同意、追认；但是，可以独立实施纯获利益的民事法律行为或者与其智力、精神健康状况相适应的民事法律行为。

第二十三条 【非完全民事行为能力人的法定代理人】无民事行为能力人、限制民事行为能力人的监护人是其法定代理人。

第二十四条 【民事行为能力的认定及恢复】不能辨认或者不能完全辨认自己行为的成年人，其利害关系人或者有关组织，可以向人民法院申请认定该成年人为无民事行为能力人或者限制民事行为能力人。

被人民法院认定为无民事行为能力人或者限制民事行为能力人的，经本人、利害关系人或者有关组织申请，人民法院可以根据其智力、精神健康恢复的状况，认定该成年人恢复为限制民事行为能力人或者完全民事行为能力人。

本条规定的有关组织包括：居民委员会、村民委员会、学校、医疗机构、妇女联合会、残疾人联合会、依法设立的老年人组织、民政部门等。

第二十五条 【自然人的住所】自然人以户籍登记或者其他有效身份登记记载的居所为住所；经常居所与住所不一致的，经常居所视为住所。

第二节　监　　护

第二十六条　【父母子女之间的法律义务】父母对未成年子女负有抚养、教育和保护的义务。

成年子女对父母负有赡养、扶助和保护的义务。

第二十七条　【未成年人的监护人】父母是未成年子女的监护人。

未成年人的父母已经死亡或者没有监护能力的，由下列有监护能力的人按顺序担任监护人：

（一）祖父母、外祖父母；

（二）兄、姐；

（三）其他愿意担任监护人的个人或者组织，但是须经未成年人住所地的居民委员会、村民委员会或者民政部门同意。

第二十八条　【非完全民事行为能力成年人的监护人】无民事行为能力或者限制民事行为能力的成年人，由下列有监护能力的人按顺序担任监护人：

（一）配偶；

（二）父母、子女；

（三）其他近亲属；

（四）其他愿意担任监护人的个人或者组织，但是须经被监护人住所地的居民委员会、村民委员会或者民政部门同意。

第二十九条　【遗嘱指定监护】被监护人的父母担任监护人的，可以通过遗嘱指定监护人。

第三十条 【协议确定监护人】依法具有监护资格的人之间可以协议确定监护人。协议确定监护人应当尊重被监护人的真实意愿。

第三十一条 【监护争议解决程序】对监护人的确定有争议的，由被监护人住所地的居民委员会、村民委员会或者民政部门指定监护人，有关当事人对指定不服的，可以向人民法院申请指定监护人；有关当事人也可以直接向人民法院申请指定监护人。

居民委员会、村民委员会、民政部门或者人民法院应当尊重被监护人的真实意愿，按照最有利于被监护人的原则在依法具有监护资格的人中指定监护人。

依据本条第一款规定指定监护人前，被监护人的人身权利、财产权利以及其他合法权益处于无人保护状态的，由被监护人住所地的居民委员会、村民委员会、法律规定的有关组织或者民政部门担任临时监护人。

监护人被指定后，不得擅自变更；擅自变更的，不免除被指定的监护人的责任。

第三十二条 【公职监护人】没有依法具有监护资格的人的，监护人由民政部门担任，也可以由具备履行监护职责条件的被监护人住所地的居民委员会、村民委员会担任。

第三十三条 【意定监护】具有完全民事行为能力的成年人，可以与其近亲属、其他愿意担任监护人的个人或者组织事先协商，以书面形式确定自己的监护人，在自己丧失或者部分丧失民事行为能力时，由该监护人履行监护职责。

第三十四条 【监护职责及临时生活照料】监护人的职责是代

理被监护人实施民事法律行为，保护被监护人的人身权利、财产权利以及其他合法权益等。

监护人依法履行监护职责产生的权利，受法律保护。

监护人不履行监护职责或者侵害被监护人合法权益的，应当承担法律责任。

因发生突发事件等紧急情况，监护人暂时无法履行监护职责，被监护人的生活处于无人照料状态的，被监护人住所地的居民委员会、村民委员会或者民政部门应当为被监护人安排必要的临时生活照料措施。

第三十五条 【履行监护职责应遵循的原则】监护人应当按照最有利于被监护人的原则履行监护职责。监护人除为维护被监护人利益外，不得处分被监护人的财产。

未成年人的监护人履行监护职责，在作出与被监护人利益有关的决定时，应当根据被监护人的年龄和智力状况，尊重被监护人的真实意愿。

成年人的监护人履行监护职责，应当最大程度地尊重被监护人的真实意愿，保障并协助被监护人实施与其智力、精神健康状况相适应的民事法律行为。对被监护人有能力独立处理的事务，监护人不得干涉。

第三十六条 【监护人资格的撤销】监护人有下列情形之一的，人民法院根据有关个人或者组织的申请，撤销其监护人资格，安排必要的临时监护措施，并按照最有利于被监护人的原则依法指定监护人：

（一）实施严重损害被监护人身心健康的行为；

（二）怠于履行监护职责，或者无法履行监护职责且拒绝将监护职责部分或者全部委托给他人，导致被监护人处于危困状态；

（三）实施严重侵害被监护人合法权益的其他行为。

本条规定的有关个人、组织包括：其他依法具有监护资格的人，居民委员会、村民委员会、学校、医疗机构、妇女联合会、残疾人联合会、未成年人保护组织、依法设立的老年人组织、民政部门等。

前款规定的个人和民政部门以外的组织未及时向人民法院申请撤销监护人资格的，民政部门应当向人民法院申请。

第三十七条　【监护人资格撤销后的义务】依法负担被监护人抚养费、赡养费、扶养费的父母、子女、配偶等，被人民法院撤销监护人资格后，应当继续履行负担的义务。

第三十八条　【监护人资格的恢复】被监护人的父母或者子女被人民法院撤销监护人资格后，除对被监护人实施故意犯罪的外，确有悔改表现的，经其申请，人民法院可以在尊重被监护人真实意愿的前提下，视情况恢复其监护人资格，人民法院指定的监护人与被监护人的监护关系同时终止。

第三十九条　【监护关系的终止】有下列情形之一的，监护关系终止：

（一）被监护人取得或者恢复完全民事行为能力；

（二）监护人丧失监护能力；

（三）被监护人或者监护人死亡；

（四）人民法院认定监护关系终止的其他情形。

监护关系终止后，被监护人仍然需要监护的，应当依法另行确定监护人。

第三节　宣告失踪和宣告死亡

第四十条　【宣告失踪】自然人下落不明满二年的，利害关系人可以向人民法院申请宣告该自然人为失踪人。

第四十一条　【下落不明的起算时间】自然人下落不明的时间自其失去音讯之日起计算。战争期间下落不明的，下落不明的时间自战争结束之日或者有关机关确定的下落不明之日起计算。

第四十二条　【财产代管人】失踪人的财产由其配偶、成年子女、父母或者其他愿意担任财产代管人的人代管。

代管有争议，没有前款规定的人，或者前款规定的人无代管能力的，由人民法院指定的人代管。

第四十三条　【财产代管人的职责】财产代管人应当妥善管理失踪人的财产，维护其财产权益。

失踪人所欠税款、债务和应付的其他费用，由财产代管人从失踪人的财产中支付。

财产代管人因故意或者重大过失造成失踪人财产损失的，应当承担赔偿责任。

第四十四条　【财产代管人的变更】财产代管人不履行代管职责、侵害失踪人财产权益或者丧失代管能力的，失踪人的利害关系人可以向人民法院申请变更财产代管人。

财产代管人有正当理由的，可以向人民法院申请变更财产代管人。

人民法院变更财产代管人的，变更后的财产代管人有权请求原财产代管人及时移交有关财产并报告财产代管情况。

第四十五条 【失踪宣告的撤销】失踪人重新出现，经本人或者利害关系人申请，人民法院应当撤销失踪宣告。

失踪人重新出现，有权请求财产代管人及时移交有关财产并报告财产代管情况。

第四十六条 【宣告死亡】自然人有下列情形之一的，利害关系人可以向人民法院申请宣告该自然人死亡：

（一）下落不明满四年；

（二）因意外事件，下落不明满二年。

因意外事件下落不明，经有关机关证明该自然人不可能生存的，申请宣告死亡不受二年时间的限制。

第四十七条 【宣告失踪与宣告死亡申请的竞合】对同一自然人，有的利害关系人申请宣告死亡，有的利害关系人申请宣告失踪，符合本法规定的宣告死亡条件的，人民法院应当宣告死亡。

第四十八条 【死亡日期的确定】被宣告死亡的人，人民法院宣告死亡的判决作出之日视为其死亡的日期；因意外事件下落不明宣告死亡的，意外事件发生之日视为其死亡的日期。

第四十九条 【被宣告死亡人实际生存时的行为效力】自然人被宣告死亡但是并未死亡的，不影响该自然人在被宣告死亡期间实施的民事法律行为的效力。

第五十条 【死亡宣告的撤销】被宣告死亡的人重新出现，经本人或者利害关系人申请，人民法院应当撤销死亡宣告。

第五十一条 【宣告死亡及其撤销后婚姻关系的效力】被宣告死亡的人的婚姻关系，自死亡宣告之日起消除。死亡宣告被撤销的，婚姻关系自撤销死亡宣告之日起自行恢复。但是，其配偶再婚或者向婚姻登记机关书面声明不愿意恢复的除外。

第五十二条 【死亡宣告撤销后子女被收养的效力】被宣告死亡的人在被宣告死亡期间，其子女被他人依法收养的，在死亡宣告被撤销后，不得以未经本人同意为由主张收养行为无效。

第五十三条 【死亡宣告撤销后的财产返还与赔偿责任】被撤销死亡宣告的人有权请求依照本法第六编取得其财产的民事主体返还财产；无法返还的，应当给予适当补偿。

利害关系人隐瞒真实情况，致使他人被宣告死亡而取得其财产的，除应当返还财产外，还应当对由此造成的损失承担赔偿责任。

第四节　个体工商户和农村承包经营户

第五十四条 【个体工商户】自然人从事工商业经营，经依法登记，为个体工商户。个体工商户可以起字号。

第五十五条 【农村承包经营户】农村集体经济组织的成员，依法取得农村土地承包经营权，从事家庭承包经营的，为农村承包经营户。

第五十六条 【“两户”的债务承担】个体工商户的债务，个人经营的，以个人财产承担；家庭经营的，以家庭财产承担；无法区分的，以家庭财产承担。

农村承包经营户的债务，以从事农村土地承包经营的农户财产承担；事实上由农户部分成员经营的，以该部分成员的财产承担。

第三章　法　　人

第一节　一般规定

第五十七条　【法人的定义】法人是具有民事权利能力和民事行为能力，依法独立享有民事权利和承担民事义务的组织。

第五十八条　【法人的成立】法人应当依法成立。

法人应当有自己的名称、组织机构、住所、财产或者经费。法人成立的具体条件和程序，依照法律、行政法规的规定。

设立法人，法律、行政法规规定须经有关机关批准的，依照其规定。

第五十九条　【法人的民事权利能力和民事行为能力】法人的民事权利能力和民事行为能力，从法人成立时产生，到法人终止时消灭。

第六十条　【法人的民事责任承担】法人以其全部财产独立承担民事责任。

第六十一条　【法定代表人】依照法律或者法人章程的规定，代表法人从事民事活动的负责人，为法人的法定代表人。

法定代表人以法人名义从事的民事活动，其法律后果由法人承受。

法人章程或者法人权力机构对法定代表人代表权的限制，不得对抗善意相对人。

第六十二条 【法定代表人职务行为的法律责任】法定代表人因执行职务造成他人损害的，由法人承担民事责任。

法人承担民事责任后，依照法律或者法人章程的规定，可以向有过错的法定代表人追偿。

第六十三条 【法人的住所】法人以其主要办事机构所在地为住所。依法需要办理法人登记的，应当将主要办事机构所在地登记为住所。

第六十四条 【法人的变更登记】法人存续期间登记事项发生变化的，应当依法向登记机关申请变更登记。

第六十五条 【法人登记的对抗效力】法人的实际情况与登记的事项不一致的，不得对抗善意相对人。

第六十六条 【法人登记公示制度】登记机关应当依法及时公示法人登记的有关信息。

第六十七条 【法人合并、分立后的权利义务承担】法人合并的，其权利和义务由合并后的法人享有和承担。

法人分立的，其权利和义务由分立后的法人享有连带债权，承担连带债务，但是债权人和债务人另有约定的除外。

第六十八条 【法人的终止】有下列原因之一并依法完成清算、注销登记的，法人终止：

（一）法人解散；

（二）法人被宣告破产；

（三）法律规定的其他原因。

法人终止，法律、行政法规规定须经有关机关批准的，依照其规定。

第六十九条 【法人的解散】 有下列情形之一的，法人解散：

（一）法人章程规定的存续期间届满或者法人章程规定的其他解散事由出现；

（二）法人的权力机构决议解散；

（三）因法人合并或者分立需要解散；

（四）法人依法被吊销营业执照、登记证书，被责令关闭或者被撤销；

（五）法律规定的其他情形。

第七十条 【法人解散后的清算】 法人解散的，除合并或者分立的情形外，清算义务人应当及时组成清算组进行清算。

法人的董事、理事等执行机构或者决策机构的成员为清算义务人。法律、行政法规另有规定的，依照其规定。

清算义务人未及时履行清算义务，造成损害的，应当承担民事责任；主管机关或者利害关系人可以申请人民法院指定有关人员组成清算组进行清算。

第七十一条 【法人清算的法律适用】 法人的清算程序和清算组职权，依照有关法律的规定；没有规定的，参照适用公司法律的有关规定。

第七十二条 【清算的法律效果】 清算期间法人存续，但是不得从事与清算无关的活动。

法人清算后的剩余财产，按照法人章程的规定或者法人权力机构的决议处理。法律另有规定的，依照其规定。

清算结束并完成法人注销登记时，法人终止；依法不需要办理法人登记的，清算结束时，法人终止。

第七十三条 【法人因破产而终止】法人被宣告破产的，依法进行破产清算并完成法人注销登记时，法人终止。

第七十四条 【法人的分支机构】法人可以依法设立分支机构。法律、行政法规规定分支机构应当登记的，依照其规定。

分支机构以自己的名义从事民事活动，产生的民事责任由法人承担；也可以先以该分支机构管理的财产承担，不足以承担的，由法人承担。

第七十五条 【法人设立行为的法律后果】设立人为设立法人从事的民事活动，其法律后果由法人承受；法人未成立的，其法律后果由设立人承受，设立人为二人以上的，享有连带债权，承担连带债务。

设立人为设立法人以自己的名义从事民事活动产生的民事责任，第三人有权选择请求法人或者设立人承担。

第二节 营利法人

第七十六条 【营利法人的定义和类型】以取得利润并分配给股东等出资人为目的成立的法人，为营利法人。

营利法人包括有限责任公司、股份有限公司和其他企业法人等。

第七十七条 【营利法人的成立】营利法人经依法登记成立。

第七十八条 【营利法人的营业执照】依法设立的营利法人，由登记机关发给营利法人营业执照。营业执照签发日期为营利法人的成立日期。

第七十九条 【营利法人的章程】设立营利法人应当依法制定法人章程。

第八十条 【营利法人的权力机构】营利法人应当设权力机构。

权力机构行使修改法人章程，选举或者更换执行机构、监督机构成员，以及法人章程规定的其他职权。

第八十一条 【营利法人的执行机构】营利法人应当设执行机构。

执行机构行使召集权力机构会议，决定法人的经营计划和投资方案，决定法人内部管理机构的设置，以及法人章程规定的其他职权。

执行机构为董事会或者执行董事的，董事长、执行董事或者经理按照法人章程的规定担任法定代表人；未设董事会或者执行董事的，法人章程规定的主要负责人为其执行机构和法定代表人。

第八十二条 【营利法人的监督机构】营利法人设监事会或者监事等监督机构的，监督机构依法行使检查法人财务，监督执行机构成员、高级管理人员执行法人职务的行为，以及法人章程规定的其他职权。

第八十三条 【出资人滥用权利的责任承担】营利法人的出资人不得滥用出资人权利损害法人或者其他出资人的利益；滥用出资人权利造成法人或者其他出资人损失的，应当依法承担民事责任。

营利法人的出资人不得滥用法人独立地位和出资人有限责任

损害法人债权人的利益；滥用法人独立地位和出资人有限责任，逃避债务，严重损害法人债权人的利益的，应当对法人债务承担连带责任。

第八十四条 【利用关联关系造成损失的赔偿责任】营利法人的控股出资人、实际控制人、董事、监事、高级管理人员不得利用其关联关系损害法人的利益；利用关联关系造成法人损失的，应当承担赔偿责任。

第八十五条 【营利法人出资人对瑕疵决议的撤销权】营利法人的权力机构、执行机构作出决议的会议召集程序、表决方式违反法律、行政法规、法人章程，或者决议内容违反法人章程的，营利法人的出资人可以请求人民法院撤销该决议。但是，营利法人依据该决议与善意相对人形成的民事法律关系不受影响。

第八十六条 【营利法人的社会责任】营利法人从事经营活动，应当遵守商业道德，维护交易安全，接受政府和社会的监督，承担社会责任。

第三节 非营利法人

第八十七条 【非营利法人的定义和范围】为公益目的或者其他非营利目的成立，不向出资人、设立人或者会员分配所取得利润的法人，为非营利法人。

非营利法人包括事业单位、社会团体、基金会、社会服务机构等。

第八十八条 【事业单位法人资格的取得】具备法人条件，为适应经济社会发展需要，提供公益服务设立的事业单位，经依法登记成立，取得事业单位法人资格；依法不需要办理法人登记的，从成立之日起，具有事业单位法人资格。

第八十九条 【事业单位法人的组织机构】事业单位法人设理事会的，除法律另有规定外，理事会为其决策机构。事业单位法人的法定代表人依照法律、行政法规或者法人章程的规定产生。

第九十条 【社会团体法人资格的取得】具备法人条件，基于会员共同意愿，为公益目的或者会员共同利益等非营利目的设立的社会团体，经依法登记成立，取得社会团体法人资格；依法不需要办理法人登记的，从成立之日起，具有社会团体法人资格。

第九十一条 【社会团体法人章程和组织机构】设立社会团体法人应当依法制定法人章程。

社会团体法人应当设会员大会或者会员代表大会等权力机构。

社会团体法人应当设理事会等执行机构。理事长或者会长等负责人按照法人章程的规定担任法定代表人。

第九十二条 【捐助法人】具备法人条件，为公益目的以捐助财产设立的基金会、社会服务机构等，经依法登记成立，取得捐助法人资格。

依法设立的宗教活动场所，具备法人条件的，可以申请法人登记，取得捐助法人资格。法律、行政法规对宗教活动场所有规定的，依照其规定。

第九十三条 【捐助法人章程和组织机构】设立捐助法人应当依法制定法人章程。

捐助法人应当设理事会、民主管理组织等决策机构，并设执行机构。理事长等负责人按照法人章程的规定担任法定代表人。

捐助法人应当设监事会等监督机构。

第九十四条 【捐助人的权利】捐助人有权向捐助法人查询捐助财产的使用、管理情况，并提出意见和建议，捐助法人应当及时、如实答复。

捐助法人的决策机构、执行机构或者法定代表人作出决定的程序违反法律、行政法规、法人章程，或者决定内容违反法人章程的，捐助人等利害关系人或者主管机关可以请求人民法院撤销该决定。但是，捐助法人依据该决定与善意相对人形成的民事法律关系不受影响。

第九十五条 【公益性非营利法人剩余财产的处理】为公益目的成立的非营利法人终止时，不得向出资人、设立人或者会员分配剩余财产。剩余财产应当按照法人章程的规定或者权力机构的决议用于公益目的；无法按照法人章程的规定或者权力机构的决议处理的，由主管机关主持转给宗旨相同或者相近的法人，并向社会公告。

第四节　特别法人

第九十六条 【特别法人的类型】本节规定的机关法人、农村集体经济组织法人、城镇农村的合作经济组织法人、基层群众性自治组织法人，为特别法人。

第九十七条 【机关法人】有独立经费的机关和承担行政职能的法定机构从成立之日起，具有机关法人资格，可以从事为履行职能所需要的民事活动。

第九十八条　【机关法人的终止】机关法人被撤销的，法人终止，其民事权利和义务由继任的机关法人享有和承担；没有继任的机关法人的，由作出撤销决定的机关法人享有和承担。

第九十九条　【农村集体经济组织法人】农村集体经济组织依法取得法人资格。

法律、行政法规对农村集体经济组织有规定的，依照其规定。

第一百条　【合作经济组织法人】城镇农村的合作经济组织依法取得法人资格。

法律、行政法规对城镇农村的合作经济组织有规定的，依照其规定。

第一百零一条　【基层群众性自治组织法人】居民委员会、村民委员会具有基层群众性自治组织法人资格，可以从事为履行职能所需要的民事活动。

未设立村集体经济组织的，村民委员会可以依法代行村集体经济组织的职能。

第四章　非法人组织

第一百零二条　【非法人组织的定义】非法人组织是不具有法人资格，但是能够依法以自己的名义从事民事活动的组织。

非法人组织包括个人独资企业、合伙企业、不具有法人资格的专业服务机构等。

第一百零三条　【非法人组织的设立程序】非法人组织应当依

照法律的规定登记。

设立非法人组织，法律、行政法规规定须经有关机关批准的，依照其规定。

第一百零四条　【非法人组织的债务承担】非法人组织的财产不足以清偿债务的，其出资人或者设立人承担无限责任。法律另有规定的，依照其规定。

第一百零五条　【非法人组织的代表人】非法人组织可以确定一人或者数人代表该组织从事民事活动。

第一百零六条　【非法人组织的解散】有下列情形之一的，非法人组织解散：

（一）章程规定的存续期间届满或者章程规定的其他解散事由出现；

（二）出资人或者设立人决定解散；

（三）法律规定的其他情形。

第一百零七条　【非法人组织的清算】非法人组织解散的，应当依法进行清算。

第一百零八条　【非法人组织的参照适用规定】非法人组织除适用本章规定外，参照适用本编第三章第一节的有关规定。

第五章　民事权利

第一百零九条　【一般人格权】自然人的人身自由、人格尊严受法律保护。

第一百一十条　【民事主体的人格权】自然人享有生命权、身体权、健康权、姓名权、肖像权、名誉权、荣誉权、隐私权、婚姻自主权等权利。

法人、非法人组织享有名称权、名誉权和荣誉权。

第一百一十一条 【个人信息受法律保护】自然人的个人信息受法律保护。任何组织或者个人需要获取他人个人信息的，应当依法取得并确保信息安全，不得非法收集、使用、加工、传输他人个人信息，不得非法买卖、提供或者公开他人个人信息。

第一百一十二条 【婚姻家庭关系等产生的人身权利】自然人因婚姻家庭关系等产生的人身权利受法律保护。

第一百一十三条 【财产权受法律平等保护】民事主体的财产权利受法律平等保护。

第一百一十四条 【物权的定义及类型】民事主体依法享有物权。

物权是权利人依法对特定的物享有直接支配和排他的权利，包括所有权、用益物权和担保物权。

第一百一十五条 【物权的客体】物包括不动产和动产。法律规定权利作为物权客体的，依照其规定。

第一百一十六条 【物权法定原则】物权的种类和内容，由法律规定。

第一百一十七条 【征收与征用】为了公共利益的需要，依照法律规定的权限和程序征收、征用不动产或者动产的，应当给予公平、合理的补偿。

第一百一十八条 【债权的定义】民事主体依法享有债权。

债权是因合同、侵权行为、无因管理、不当得利以及法律的其他规定，权利人请求特定义务人为或者不为一定行为的权利。

第一百一十九条 【合同之债】依法成立的合同，对当事人具有法律约束力。

第一百二十条 【侵权之债】民事权益受到侵害的，被侵权人有权请求侵权人承担侵权责任。

第一百二十一条 【无因管理之债】没有法定的或者约定的义务，为避免他人利益受损失而进行管理的人，有权请求受益人偿还由此支出的必要费用。

第一百二十二条 【不当得利之债】因他人没有法律根据，取得不当利益，受损失的人有权请求其返还不当利益。

第一百二十三条 【知识产权及其客体】民事主体依法享有知识产权。

知识产权是权利人依法就下列客体享有的专有的权利：

(一)作品；

(二)发明、实用新型、外观设计；

(三)商标；

(四)地理标志；

(五)商业秘密；

(六)集成电路布图设计；

(七)植物新品种；

(八)法律规定的其他客体。

第一百二十四条 【继承权及其客体】自然人依法享有继承权。

自然人合法的私有财产，可以依法继承。

第一百二十五条 【投资性权利】民事主体依法享有股权和其他投资性权利。

第一百二十六条 【其他民事权益】民事主体享有法律规定的其他民事权利和利益。

第一百二十七条 【对数据和网络虚拟财产的保护】法律对数据、网络虚拟财产的保护有规定的，依照其规定。

第一百二十八条 【对弱势群体的特别保护】法律对未成年人、老年人、残疾人、妇女、消费者等的民事权利保护有特别规定的，依照其规定。

第一百二十九条 【民事权利的取得方式】民事权利可以依据民事法律行为、事实行为、法律规定的事件或者法律规定的其他方式取得。

第一百三十条 【权利行使的自愿原则】民事主体按照自己的意愿依法行使民事权利，不受干涉。

第一百三十一条 【权利人的义务履行】民事主体行使权利时，应当履行法律规定的和当事人约定的义务。

第一百三十二条 【禁止权利滥用】民事主体不得滥用民事权利损害国家利益、社会公共利益或者他人合法权益。

第六章　民事法律行为

第一节　一般规定

第一百三十三条 【民事法律行为的定义】民事法律行为是民

事主体通过意思表示设立、变更、终止民事法律关系的行为。

第一百三十四条 【民事法律行为的成立】民事法律行为可以基于双方或者多方的意思表示一致成立，也可以基于单方的意思表示成立。

法人、非法人组织依照法律或者章程规定的议事方式和表决程序作出决议的，该决议行为成立。

第一百三十五条 【民事法律行为的形式】民事法律行为可以采用书面形式、口头形式或者其他形式；法律、行政法规规定或者当事人约定采用特定形式的，应当采用特定形式。

第一百三十六条 【民事法律行为的生效】民事法律行为自成立时生效，但是法律另有规定或者当事人另有约定的除外。

行为人非依法律规定或者未经对方同意，不得擅自变更或者解除民事法律行为。

第二节 意思表示

第一百三十七条 【有相对人的意思表示的生效时间】以对话方式作出的意思表示，相对人知道其内容时生效。

以非对话方式作出的意思表示，到达相对人时生效。以非对话方式作出的采用数据电文形式的意思表示，相对人指定特定系统接收数据电文的，该数据电文进入该特定系统时生效；未指定特定系统的，相对人知道或者应当知道该数据电文进入其系统时生效。当事人对采用数据电文形式的意思表示的生效时间另有约定的，按照其约定。

第一百三十八条 【无相对人的意思表示的生效时间】无相对人的意思表示，表示完成时生效。法律另有规定的，依照其规定。

第一百三十九条 【公告的意思表示的生效时间】以公告方式作出的意思表示，公告发布时生效。

第一百四十条 【意思表示的方式】行为人可以明示或者默示作出意思表示。

沉默只有在有法律规定、当事人约定或者符合当事人之间的交易习惯时，才可以视为意思表示。

第一百四十一条 【意思表示的撤回】行为人可以撤回意思表示。撤回意思表示的通知应当在意思表示到达相对人前或者与意思表示同时到达相对人。

第一百四十二条 【意思表示的解释】有相对人的意思表示的解释，应当按照所使用的词句，结合相关条款、行为的性质和目的、习惯以及诚信原则，确定意思表示的含义。

无相对人的意思表示的解释，不能完全拘泥于所使用的词句，而应当结合相关条款、行为的性质和目的、习惯以及诚信原则，确定行为人的真实意思。

第三节　民事法律行为的效力

第一百四十三条 【民事法律行为的有效条件】具备下列条件的民事法律行为有效：

（一）行为人具有相应的民事行为能力；

（二）意思表示真实；

（三）不违反法律、行政法规的强制性规定，不违背公序良俗。

第一百四十四条 【无民事行为能力人实施的民事法律行为】 无民事行为能力人实施的民事法律行为无效。

第一百四十五条 【限制民事行为能力人实施的民事法律行为】 限制民事行为能力人实施的纯获利益的民事法律行为或者与其年龄、智力、精神健康状况相适应的民事法律行为有效；实施的其他民事法律行为经法定代理人同意或者追认后有效。

相对人可以催告法定代理人自收到通知之日起三十日内予以追认。法定代理人未作表示的，视为拒绝追认。民事法律行为被追认前，善意相对人有撤销的权利。撤销应当以通知的方式作出。

第一百四十六条 【虚假表示与隐藏行为效力】 行为人与相对人以虚假的意思表示实施的民事法律行为无效。

以虚假的意思表示隐藏的民事法律行为的效力，依照有关法律规定处理。

第一百四十七条 【重大误解】 基于重大误解实施的民事法律行为，行为人有权请求人民法院或者仲裁机构予以撤销。

第一百四十八条 【欺诈】 一方以欺诈手段，使对方在违背真实意思的情况下实施的民事法律行为，受欺诈方有权请求人民法院或者仲裁机构予以撤销。

第一百四十九条 【第三人欺诈】 第三人实施欺诈行为，使一方在违背真实意思的情况下实施的民事法律行为，对方知道或者应当知道该欺诈行为的，受欺诈方有权请求人民法院或者仲裁机构予以撤销。

第一百五十条 【胁迫】一方或者第三人以胁迫手段，使对方在违背真实意思的情况下实施的民事法律行为，受胁迫方有权请求人民法院或者仲裁机构予以撤销。

第一百五十一条 【乘人之危导致的显失公平】一方利用对方处于危困状态、缺乏判断能力等情形，致使民事法律行为成立时显失公平的，受损害方有权请求人民法院或者仲裁机构予以撤销。

第一百五十二条 【撤销权的消灭期间】有下列情形之一的，撤销权消灭：

（一）当事人自知道或者应当知道撤销事由之日起一年内、重大误解的当事人自知道或者应当知道撤销事由之日起九十日内没有行使撤销权；

（二）当事人受胁迫，自胁迫行为终止之日起一年内没有行使撤销权；

（三）当事人知道撤销事由后明确表示或者以自己的行为表明放弃撤销权。

当事人自民事法律行为发生之日起五年内没有行使撤销权的，撤销权消灭。

第一百五十三条 【违反强制性规定及违背公序良俗的民事法律行为的效力】违反法律、行政法规的强制性规定的民事法律行为无效。但是，该强制性规定不导致该民事法律行为无效的除外。

违背公序良俗的民事法律行为无效。

第一百五十四条 【恶意串通】行为人与相对人恶意串通，损害他人合法权益的民事法律行为无效。

第一百五十五条 【无效或者被撤销民事法律行为自始无效】 无效的或者被撤销的民事法律行为自始没有法律约束力。

第一百五十六条 【民事法律行为部分无效】 民事法律行为部分无效，不影响其他部分效力的，其他部分仍然有效。

第一百五十七条 【民事法律行为无效、被撤销、不生效力的法律后果】 民事法律行为无效、被撤销或者确定不发生效力后，行为人因该行为取得的财产，应当予以返还；不能返还或者没有必要返还的，应当折价补偿。有过错的一方应当赔偿对方由此所受到的损失；各方都有过错的，应当各自承担相应的责任。法律另有规定的，依照其规定。

第四节 民事法律行为的附条件和附期限

第一百五十八条 【附条件的民事法律行为】 民事法律行为可以附条件，但是根据其性质不得附条件的除外。附生效条件的民事法律行为，自条件成就时生效。附解除条件的民事法律行为，自条件成就时失效。

第一百五十九条 【条件成就或不成就的拟制】 附条件的民事法律行为，当事人为自己的利益不正当地阻止条件成就的，视为条件已经成就；不正当地促成条件成就的，视为条件不成就。

第一百六十条 【附期限的民事法律行为】 民事法律行为可以附期限，但是根据其性质不得附期限的除外。附生效期限的民事法律行为，自期限届至时生效。附终止期限的民事法律行为，自期限届满时失效。

第七章 代　　理

第一节 一般规定

第一百六十一条 【代理的适用范围】民事主体可以通过代理人实施民事法律行为。

依照法律规定、当事人约定或者民事法律行为的性质，应当由本人亲自实施的民事法律行为，不得代理。

第一百六十二条 【代理的效力】代理人在代理权限内，以被代理人名义实施的民事法律行为，对被代理人发生效力。

第一百六十三条 【代理的类型】代理包括委托代理和法定代理。

委托代理人按照被代理人的委托行使代理权。法定代理人依照法律的规定行使代理权。

第一百六十四条 【不当代理的民事责任】代理人不履行或者不完全履行职责，造成被代理人损害的，应当承担民事责任。

代理人和相对人恶意串通，损害被代理人合法权益的，代理人和相对人应当承担连带责任。

第二节 委托代理

第一百六十五条 【授权委托书】委托代理授权采用书面形式的，授权委托书应当载明代理人的姓名或者名称、代理事项、权限和期限，并由被代理人签名或者盖章。

第一百六十六条 【共同代理】数人为同一代理事项的代理人的，应当共同行使代理权，但是当事人另有约定的除外。

第一百六十七条 【违法代理的责任承担】代理人知道或者应当知道代理事项违法仍然实施代理行为，或者被代理人知道或者应当知道代理人的代理行为违法未作反对表示的，被代理人和代理人应当承担连带责任。

第一百六十八条 【禁止自己代理和双方代理】代理人不得以被代理人的名义与自己实施民事法律行为，但是被代理人同意或者追认的除外。

代理人不得以被代理人的名义与自己同时代理的其他人实施民事法律行为，但是被代理的双方同意或者追认的除外。

第一百六十九条 【复代理】代理人需要转委托第三人代理的，应当取得被代理人的同意或者追认。

转委托代理经被代理人同意或者追认的，被代理人可以就代理事务直接指示转委托的第三人，代理人仅就第三人的选任以及对第三人的指示承担责任。

转委托代理未经被代理人同意或者追认的，代理人应当对转委托的第三人的行为承担责任；但是，在紧急情况下代理人为了维护被代理人的利益需要转委托第三人代理的除外。

第一百七十条 【职务代理】执行法人或者非法人组织工作任务的人员，就其职权范围内的事项，以法人或者非法人组织的名义实施的民事法律行为，对法人或者非法人组织发生效力。

法人或者非法人组织对执行其工作任务的人员职权范围的限

制，不得对抗善意相对人。

第一百七十一条 【无权代理】行为人没有代理权、超越代理权或者代理权终止后，仍然实施代理行为，未经被代理人追认的，对被代理人不发生效力。

相对人可以催告被代理人自收到通知之日起三十日内予以追认。被代理人未作表示的，视为拒绝追认。行为人实施的行为被追认前，善意相对人有撤销的权利。撤销应当以通知的方式作出。

行为人实施的行为未被追认的，善意相对人有权请求行为人履行债务或者就其受到的损害请求行为人赔偿。但是，赔偿的范围不得超过被代理人追认时相对人所能获得的利益。

相对人知道或者应当知道行为人无权代理的，相对人和行为人按照各自的过错承担责任。

第一百七十二条 【表见代理】行为人没有代理权、超越代理权或者代理权终止后，仍然实施代理行为，相对人有理由相信行为人有代理权的，代理行为有效。

第三节 代理终止

第一百七十三条 【委托代理的终止】有下列情形之一的，委托代理终止：

（一）代理期限届满或者代理事务完成；

（二）被代理人取消委托或者代理人辞去委托；

（三）代理人丧失民事行为能力；

（四）代理人或者被代理人死亡；

(五) 作为代理人或者被代理人的法人、非法人组织终止。

第一百七十四条 【委托代理终止的例外】被代理人死亡后，有下列情形之一的，委托代理人实施的代理行为有效：

(一) 代理人不知道且不应当知道被代理人死亡；

(二) 被代理人的继承人予以承认；

(三) 授权中明确代理权在代理事务完成时终止；

(四) 被代理人死亡前已经实施，为了被代理人的继承人的利益继续代理。

作为被代理人的法人、非法人组织终止的，参照适用前款规定。

第一百七十五条 【法定代理的终止】有下列情形之一的，法定代理终止：

(一) 被代理人取得或者恢复完全民事行为能力；

(二) 代理人丧失民事行为能力；

(三) 代理人或者被代理人死亡；

(四) 法律规定的其他情形。

第八章 民事责任

第一百七十六条 【民事责任】民事主体依照法律规定或者按照当事人约定，履行民事义务，承担民事责任。

第一百七十七条 【按份责任】二人以上依法承担按份责任，能够确定责任大小的，各自承担相应的责任；难以确定责任大小的，平均承担责任。

第一百七十八条 【连带责任】二人以上依法承担连带责任的，权利人有权请求部分或者全部连带责任人承担责任。

连带责任人的责任份额根据各自责任大小确定；难以确定责任大小的，平均承担责任。实际承担责任超过自己责任份额的连带责任人，有权向其他连带责任人追偿。

连带责任，由法律规定或者当事人约定。

第一百七十九条 【民事责任的承担方式】承担民事责任的方式主要有：

（一）停止侵害；

（二）排除妨碍；

（三）消除危险；

（四）返还财产；

（五）恢复原状；

（六）修理、重作、更换；

（七）继续履行；

（八）赔偿损失；

（九）支付违约金；

（十）消除影响、恢复名誉；

（十一）赔礼道歉。

法律规定惩罚性赔偿的，依照其规定。

本条规定的承担民事责任的方式，可以单独适用，也可以合并适用。

第一百八十条 【不可抗力】因不可抗力不能履行民事义务

的，不承担民事责任。法律另有规定的，依照其规定。

不可抗力是不能预见、不能避免且不能克服的客观情况。

第一百八十一条 【正当防卫】因正当防卫造成损害的，不承担民事责任。

正当防卫超过必要的限度，造成不应有的损害的，正当防卫人应当承担适当的民事责任。

第一百八十二条 【紧急避险】因紧急避险造成损害的，由引起险情发生的人承担民事责任。

危险由自然原因引起的，紧急避险人不承担民事责任，可以给予适当补偿。

紧急避险采取措施不当或者超过必要的限度，造成不应有的损害的，紧急避险人应当承担适当的民事责任。

第一百八十三条 【因保护他人民事权益而受损的责任承担】因保护他人民事权益使自己受到损害的，由侵权人承担民事责任，受益人可以给予适当补偿。没有侵权人、侵权人逃逸或者无力承担民事责任，受害人请求补偿的，受益人应当给予适当补偿。

第一百八十四条 【紧急救助的责任豁免】因自愿实施紧急救助行为造成受助人损害的，救助人不承担民事责任。

第一百八十五条 【英雄烈士人格利益的保护】侵害英雄烈士等的姓名、肖像、名誉、荣誉，损害社会公共利益的，应当承担民事责任。

第一百八十六条 【违约责任与侵权责任的竞合】因当事人一方的违约行为，损害对方人身权益、财产权益的，受损害方有权选择请求其承担违约责任或者侵权责任。

第一百八十七条 【民事责任优先】民事主体因同一行为应当承担民事责任、行政责任和刑事责任的，承担行政责任或者刑事责任不影响承担民事责任；民事主体的财产不足以支付的，优先用于承担民事责任。

第九章 诉讼时效

第一百八十八条 【普通诉讼时效】向人民法院请求保护民事权利的诉讼时效期间为三年。法律另有规定的，依照其规定。

诉讼时效期间自权利人知道或者应当知道权利受到损害以及义务人之日起计算。法律另有规定的，依照其规定。但是，自权利受到损害之日起超过二十年的，人民法院不予保护，有特殊情况的，人民法院可以根据权利人的申请决定延长。

第一百八十九条 【分期履行债务诉讼时效的起算】当事人约定同一债务分期履行的，诉讼时效期间自最后一期履行期限届满之日起计算。

第一百九十条 【对法定代理人请求权诉讼时效的起算】无民事行为能力人或者限制民事行为能力人对其法定代理人的请求权的诉讼时效期间，自该法定代理终止之日起计算。

第一百九十一条 【未成年人遭受性侵害的损害赔偿诉讼时效的起算】未成年人遭受性侵害的损害赔偿请求权的诉讼时效期间，自受害人年满十八周岁之日起计算。

第一百九十二条 【诉讼时效届满的法律效果】诉讼时效期间

届满的，义务人可以提出不履行义务的抗辩。

诉讼时效期间届满后，义务人同意履行的，不得以诉讼时效期间届满为由抗辩；义务人已经自愿履行的，不得请求返还。

第一百九十三条 【诉讼时效援用】人民法院不得主动适用诉讼时效的规定。

第一百九十四条 【诉讼时效的中止】在诉讼时效期间的最后六个月内，因下列障碍，不能行使请求权的，诉讼时效中止：

（一）不可抗力；

（二）无民事行为能力人或者限制民事行为能力人没有法定代理人，或者法定代理人死亡、丧失民事行为能力、丧失代理权；

（三）继承开始后未确定继承人或者遗产管理人；

（四）权利人被义务人或者其他人控制；

（五）其他导致权利人不能行使请求权的障碍。

自中止时效的原因消除之日起满六个月，诉讼时效期间届满。

第一百九十五条 【诉讼时效的中断】有下列情形之一的，诉讼时效中断，从中断、有关程序终结时起，诉讼时效期间重新计算：

（一）权利人向义务人提出履行请求；

（二）义务人同意履行义务；

（三）权利人提起诉讼或者申请仲裁；

（四）与提起诉讼或者申请仲裁具有同等效力的其他情形。

第一百九十六条 【不适用诉讼时效的情形】下列请求权不适用诉讼时效的规定：

（一）请求停止侵害、排除妨碍、消除危险；

（二）不动产物权和登记的动产物权的权利人请求返还财产；

（三）请求支付抚养费、赡养费或者扶养费；

（四）依法不适用诉讼时效的其他请求权。

第一百九十七条 【诉讼时效法定】诉讼时效的期间、计算方法以及中止、中断的事由由法律规定，当事人约定无效。

当事人对诉讼时效利益的预先放弃无效。

第一百九十八条 【仲裁时效】法律对仲裁时效有规定的，依照其规定；没有规定的，适用诉讼时效的规定。

第一百九十九条 【除斥期间】法律规定或者当事人约定的撤销权、解除权等权利的存续期间，除法律另有规定外，自权利人知道或者应当知道权利产生之日起计算，不适用有关诉讼时效中止、中断和延长的规定。存续期间届满，撤销权、解除权等权利消灭。

第十章 期间计算

第二百条 【期间的计算单位】民法所称的期间按照公历年、月、日、小时计算。

第二百零一条 【期间的起算】按照年、月、日计算期间的，开始的当日不计入，自下一日开始计算。

按照小时计算期间的，自法律规定或者当事人约定的时间开始计算。

第二百零二条 【期间结束】按照年、月计算期间的，到期月的对应日为期间的最后一日；没有对应日的，月末日为期间的最后一日。

第二百零三条 【期间计算的特殊规定】期间的最后一日是法定休假日的，以法定休假日结束的次日为期间的最后一日。

期间的最后一日的截止时间为二十四时；有业务时间的，停止业务活动的时间为截止时间。

第二百零四条 【期间法定或约定】期间的计算方法依照本法的规定，但是法律另有规定或者当事人另有约定的除外。

……

附　　则

第一千二百五十九条 【法律术语含义】民法所称的“以上”、“以下”、“以内”、“届满”，包括本数；所称的“不满”、“超过”、“以外”，不包括本数。

第一千二百六十条 【施行日期】本法自 2021 年 1 月 1 日起施行。《中华人民共和国婚姻法》、《中华人民共和国继承法》、《中华人民共和国民法通则》、《中华人民共和国收养法》、《中华人民共和国担保法》、《中华人民共和国合同法》、《中华人民共和国物权法》、《中华人民共和国侵权责任法》、《中华人民共和国民法总则》同时废止。

民法典总则编与相关法律规定对照表

（左栏删除线部分为删除的内容，右栏黑体部分为增加的内容，两栏下划线部分为修改的内容）

相关法律规定	民法典总则编
	第一编　总　　则
	第一章　基本规定
《民法通则》① 第一条　为了保障公民、法人的合法~~的民事~~权益，~~正确~~调整民事关系，适应社会主义~~现代化建设事业~~发展~~的~~需要，根据宪法~~和我国实际情况~~，~~总结民事活动的实践经验，~~制定本法。	第一条　为了保护民事主体的合法权益，调整民事关系，**维护社会和经济秩序**，适应**中国特色**社会主义发展要求，**弘扬社会主义核心价值观**，根据宪法，制定本法。

① 在民法典编纂的工程中，全部立法分为两步，第一步制定“民法总则”，第二步再将民事立法的基本法律整合，结合民法总则成为民法典。《民法总则 》已由中华人民共和国第十二届全国人民代表大会第五次会议于 2017 年 3 月 15 日通过，2017 年 3 月 15 日公布，自 2017 年 10 月 1 日起施行。由于《民法典总则编》与《民法总则》基本相同，因此特将《民法典总则编》与《民法通则》对照，但《民法典总则编》对《民法总则》作出实质性修改的，也将二者予以对照。对照表左侧列中，没有特别标注法名的，内容为《中华人民共和国民法通则》条文。

相关法律规定	民法典总则编
第二条　~~中华人民共和国~~民法调整平等主体的~~公民之间、法人之间、公民和法人~~之间的财产关系和人身关系。	第二条　民法调整平等主体的**自然人、法人和非法人组织**之间的人身关系和财产关系。
第五条　公民、法人的合法~~的民事~~权益受法律保护，任何组织和个人不得侵犯。	第三条　民事主体的**人身权利、财产权利以及其他**合法权益受法律保护，任何组织或者个人不得侵犯。
第三条　当事人在民事活动中的地位平等。	第四条　民事主体在民事活动中的**法律**地位**一律**平等。
第四条　民事活动应当遵循自愿、公平、等价有偿、诚实信用~~的~~原则。 第七条　民事活动应当~~尊重社会公德~~，不得损害社会公共利益，扰乱社会经济秩序。	第五条　**民事主体从事**民事活动，应当遵循自愿原则，**按照自己的意思设立、变更、终止民事法律关系**。 第六条　**民事主体从事**民事活动，应当遵循公平原则，**合理确定各方的权利和义务**。 第七条　**民事主体从事**民事活动，应当遵循诚信原则，**秉持诚实，恪守承诺**。

相关法律规定	民法典总则编
	第八条　民事主体从事民事活动，不得违反法律，不得违背公序良俗。
	第九条　民事主体从事民事活动，应当有利于节约资源、保护生态环境。
第六条　民事活动必须遵守法律，法律没有规定的，应当遵守国家政策。	第十条　处理民事纠纷，应当依照法律；法律没有规定的，可以适用习惯，但是不得违背公序良俗。
	第十一条　其他法律对民事关系有特别规定的，依照其规定。
第八条第一款　在中华人民共和国领域内的民事活动，适用中华人民共和国法律，法律另有规定的除外。	第十二条　中华人民共和国领域内的民事活动，适用中华人民共和国法律。法律另有规定的，依照其规定。
	第二章　自　然　人
	第一节　民事权利能力和民事行为能力

相关法律规定	民法典总则编
第九条 公民从出生时起到死亡时止，具有民事权利能力，依法享有民事权利，承担民事义务。	**第十三条** 自然人从出生时起到死亡时止，具有民事权利能力，依法享有民事权利，承担民事义务。
第十条 公民的民事权利能力一律平等。	**第十四条** 自然人的民事权利能力一律平等。
《民通意见》① 1. 公民的~~民事权利能力自出生时开始。~~出生的时间以户籍证明为准；没有户籍证明的，以医院出具的出生证明为准。没有医院证明的，参照其他有关证明认定。	**第十五条** 自然人的出生时间和死亡时间，以出生证明、死亡证明记载的时间为准；没有出生证明、死亡证明的，以户籍登记或者其他有效身份登记记载的时间为准。有其他证据足以推翻以上记载时间的，以该证据证明的时间为准。
《继承法》 **第二十八条** 遗产分割时，应当保留胎儿的继承份额。胎儿出生时是死体的，保留的份额按照法定继承办理。	**第十六条** 涉及遗产继承、接受赠与等胎儿利益保护的，胎儿视为具有民事权利能力。但是，胎儿娩出时为死体的，其民事权利能力自始不存在。

①《最高人民法院关于贯彻执行〈中华人民共和国民法通则〉若干问题的意见（试行）》简称《民通意见》。

相关法律规定	民法典总则编
第十一条　十八周岁以上的公民是成年人，具有完全民事行为能力，可以独立进行民事活动，是完全民事行为能力人。 十六周岁以上不满十八周岁的公民，以自己的劳动收入为主要生活来源的，视为完全民事行为能力人。 **第十二条**　十周岁以上的未成年人是限制民事行为能力人，可以进行与他的年龄、智力相适应的民事活动；其他民事活动由他的法定代理人代理，或者征得他的法定代理人的同意。 不满十周岁的未成年人是无民事行为能力人，由他的法定代理人代理民事活动。	**第十七条**　十八周岁以上的自然人为成年人。**不满十八周岁的自然人为未成年人。** **第十八条**　**成年人**为完全民事行为能力人，可以独立实施民事法律行为。 十六周岁以上的未成年人，以自己的劳动收入为主要生活来源的，视为完全民事行为能力人。 **第十九条**　八周岁以上的未成年人为限制民事行为能力人，实施民事法律行为由其法定代理人代理或者经其法定代理人同意、**追认**；**但是**，可以**独立实施纯获利益的民事法律行为或者**与其年龄、智力相适应的民事法律行为。 **第二十条**　不满八周岁的未成年人为无民事行为能力人，由其法定代理人代理**实施**民事法律行为。

相关法律规定	民法典总则编
第十三条第一款 不能辨认自己行为的精神病人是无民事行为能力人，由他的法定代理人代理民事活动。	**第二十一条** 不能辨认自己行为的成年人为无民事行为能力人，由其法定代理人代理**实施**民事法律行为。 **八周岁以上的未成年人不能辨认自己行为的，适用前款规定。**
第十三条第二款 不能完全辨认自己行为的精神病人是限制民事行为能力人，可以进行与他的精神健康状况相适应的民事活动；其他民事活动由他的法定代理人代理，或者征得他的法定代理人的同意。	**第二十二条** 不能完全辨认自己行为的成年人为限制民事行为能力人，实施民事法律行为由其法定代理人代理或者经其法定代理人同意、**追认；但是，可以独立实施纯获利益的民事法律行为或者**与其**智力、**精神健康状况相适应的民事法律行为。
第十四条 无民事行为能力人、限制民事行为能力人的监护人是他的法定代理人。	**第二十三条** 无民事行为能力人、限制民事行为能力人的监护人是其法定代理人。
第十九条 精神病人的利害关系人，可以向人民法院申	**第二十四条** 不能辨认或者不能完全辨认自己行为的成

相关法律规定	民法典总则编
请宣告精神病人为无民事行为能力人或者限制民事行为能力人。 被人民法院宣告为无民事行为能力人或者限制民事行为能力人的，根据他健康恢复的状况，经本人或者利害关系人申请，人民法院可以宣告他为限制民事行为能力人或者完全民事行为能力人。	年人，其利害关系人**或者有关组织**，可以向人民法院申请认定该成年人为无民事行为能力人或者限制民事行为能力人。 被人民法院认定为无民事行为能力人或者限制民事行为能力人的，经本人、利害关系人**或者有关组织**申请，人民法院可以根据其**智力**、精神健康恢复的状况，认定该成年人恢复为限制民事行为能力人或者完全民事行为能力人。 **本条规定的有关组织包括：居民委员会、村民委员会、学校、医疗机构、妇女联合会、残疾人联合会、依法设立的老年人组织、民政部门等。**
第十五条 公民以他的户籍所在地的居住地为住所，经常居住地与住所不一致的，经常居住地视为住所。	**第二十五条** 自然人以户籍登记**或者其他有效身份登记记载**的居所为住所；经常居所与住所不一致的，经常居所视为住所。

相关法律规定	民法典总则编
	第二节　监护
《婚姻法》 **第二十一条第一款**　父母对子女有抚养教育的义务；子女对父母有赡养扶助的义务。 **第二十三条**　父母有保护和教育未成年子女的~~权利和~~义务。~~在未成年子女对国家、集体或他人造成损害时，父母有承担民事责任的义务。~~	**第二十六条**　父母对**未成年**子女**负**有抚养、教育和保护的义务。 **成年**子女对父母**负**有赡养、扶助和保护的义务。
第十六条第一款、第二款　~~未成年人的~~父母是未成年人的监护人。 未成年人的父母已经死亡或者没有监护能力的，由下列~~人员中~~有监护能力的人担任监护人： （一）祖父母、外祖父母； （二）兄、姐； （三）~~关系密切的~~其他亲属、朋友愿意承担监护责任，经~~未成年人的父、母的所在单~~	**第二十七条**　父母是未成年子女的监护人。 未成年人的父母已经死亡或者没有监护能力的，由下列有监护能力的人**按顺序**担任监护人： （一）祖父母、外祖父母； （二）兄、姐； （三）其他愿意**担任监护人的**个人**或者组织，但是须**经未成年人住所地的居民委员会、村民委员会**或者民政部门**同意。

相关法律规定	民法典总则编
位或者未成年人住所地的居民委员会、村民委员会同意的。	
第十七条第一款 无民事行为能力或者限制民事行为能力的精神病人，由下列人员担任监护人： （一）配偶； （二）父母； （三）成年子女； （四）其他近亲属； （五）关系密切的其他亲属、朋友愿意承担监护责任，经精神病人的所在单位或者住所地的居民委员会、村民委员会同意的。	**第二十八条** 无民事行为能力或者限制民事行为能力的成年人，由下列有监护能力的人**按顺序**担任监护人： （一）配偶； （二）父母、子女； （三）其他近亲属； （四）其他愿意担任监护人的个人**或者组织，但是须**经被监护人住所地的居民委员会、村民委员会**或者民政部门**同意。
	第二十九条 被监护人的父母担任监护人的，可以通过遗嘱指定监护人。
《民通意见》 15．有监护资格的人之间协议确定监护人的，应当由协议确定的监护人对被监护人承担监护责任。	**第三十条** 依法具有监护资格的人之间可以协议确定监护人。**协议确定监护人应当尊重被监护人的真实意愿**。

相关法律规定	民法典总则编
第十六条第三款 对担任监护人有争议的，由未成年人的父、母的所在单位或者未成年人住所地的居民委员会、村民委员会在近亲属中指定。对指定不服提起诉讼的，由人民法院裁决。 **第十七条第二款** 对担任监护人有争议的，由精神病人的所在单位或者住所地的居民委员会、村民委员会在近亲属中指定。对指定不服提起诉讼的，由人民法院裁决。	**第三十一条** 对监护人的确定有争议的，由被监护人住所地的居民委员会、村民委员会**或者民政部门**指定**监护人**，**有关当事人**对指定不服的，可以向人民法院申请指定监护人；**有关当事人也可以直接向人民法院申请指定监护人。** **居民委员会、村民委员会、民政部门或者人民法院应当尊重被监护人的真实意愿，按照最有利于被监护人的原则在依法具有监护资格的人中指定监护人。** **依照本条第一款规定指定监护人前，被监护人的人身权利、财产权利以及其他合法权益处于无人保护状态的，由被监护人住所地的居民委员会、村民委员会、法律规定的有关组织或者民政部门担任临时监护人。**

相关法律规定	民法典总则编
	监护人被指定后，不得擅自变更；擅自变更的，不免除被指定的监护人的责任。
第十六条第四款 没有第一款、第二款规定的监护人的，由未成年人的父、母的所在单位或者未成年人住所地的居民委员会、村民委员会或者民政部门担任监护人。 **第十七条第三款** 没有第一款规定的监护人的，由精神病人的所在单位或者住所地的居民委员会、村民委员会或者民政部门担任监护人。	**第三十二条** 没有依法具有监护**资格的**人的，监护人由民政部门担任，也可以由**具备履行监护职责条件的**被监护人住所地的居民委员会、村民委员会担任。
《老年人权益保障法》 **第二十六条** 具备完全民事行为能力的老年人，可以在近亲属或者其他与自己关系密切、愿意承担监护责任的个人、组织中协商确定自己的监护人。监护人在老年人丧失或	**第三十三条** 具有完全民事行为能力的成年人，可以与其近亲属、其他愿意担任监护人的个人或者组织**事先**协商，**以书面形式**确定自己的监护人，在自己丧失或者部分丧失民事行为能力时，由该监护人

相关法律规定	民法典总则编
者部分丧失民事行为能力时，依法承担监护责任。 ~~老年人未事先确定监护人的，其丧失或者部分丧失民事行为能力时，依照有关法律的规定确定监护人。~~	履行监护职责。
《民法总则》 **第三十四条**　监护人的职责是代理被监护人实施民事法律行为，保护被监护人的人身权利、财产权利以及其他合法权益等。 监护人依法履行监护职责产生的权利，受法律保护。 监护人不履行监护职责或者侵害被监护人合法权益的，应当承担法律责任。	**第三十四条**　监护人的职责是代理被监护人实施民事法律行为，保护被监护人的人身权利、财产权利以及其他合法权益等。 监护人依法履行监护职责产生的权利，受法律保护。 监护人不履行监护职责或者侵害被监护人合法权益的，应当承担法律责任。 **因发生突发事件等紧急情况，监护人暂时无法履行监护职责，被监护人的生活处于无人照料状态的，被监护人住所地的居民委员会、村民委员会或者民政部门应当为被监护人安排必要的临时生活照料措施。**

相关法律规定	民法典总则编
第十八条　监护人应当履行监护职责，保护被监护人的人身、财产及其他合法权益，除为被监护人的利益外，不得处理被监护人的财产。 监护人依法履行监护的权利，受法律保护。 监护人不履行监护职责或者侵害被监护人的合法权益的，应当承担责任；给被监护人造成财产损失的，应当赔偿损失。人民法院可以根据有关人员或者有关单位的申请，撤销监护人的资格。	第三十五条　监护人应当**按照最有利于被监护人的原则**履行监护职责。**监护人**除为维**护**被监护人利益外，不得处分被监护人的财产。 **未成年人的监护人履行监护职责，在作出与被监护人利益有关的决定时，应当根据被监护人的年龄和智力状况，尊重被监护人的真实意愿。** **成年人的监护人履行监护职责，应当最大程度地尊重被监护人的真实意愿，保障并协助被监护人实施与其智力、精神健康状况相适应的民事法律行为。对被监护人有能力独立处理的事务，监护人不得干涉。**
	第三十六条　**监护人有下列情形之一的，人民法院根据有关个人或者组织的申请，撤销其监护人资格，安排必要的临时监护措施，并按照最有利于被**

相关法律规定	民法典总则编
	监护人的原则依法指定监护人： （一）实施严重损害被监护人身心健康的行为； （二）怠于履行监护职责，或者无法履行监护职责且拒绝将监护职责部分或者全部委托给他人，导致被监护人处于危困状态； （三）实施严重侵害被监护人合法权益的其他行为。 本条规定的有关个人、组织包括：其他依法具有监护资格的人，居民委员会、村民委员会、学校、医疗机构、妇女联合会、残疾人联合会、未成年人保护组织、依法设立的老年人组织、民政部门等。 前款规定的个人和民政部门以外的组织未及时向人民法院申请撤销监护人资格的，民政部门应当向人民法院申请。

相关法律规定	民法典总则编
	第三十七条　依法负担被监护人抚养费、赡养费、扶养费的父母、子女、配偶等，被人民法院撤销监护人资格后，应当继续履行负担的义务。
	第三十八条　被监护人的父母或者子女被人民法院撤销监护人资格后，除对被监护人实施故意犯罪的外，确有悔改表现的，经其申请，人民法院可以在尊重被监护人真实意愿的前提下，视情况恢复其监护人资格，人民法院指定的监护人与被监护人的监护关系同时终止。
	第三十九条　有下列情形之一的，监护关系终止： （一）被监护人取得或者恢复完全民事行为能力； （二）监护人丧失监护能力； （三）被监护人或者监护人死亡；

相关法律规定	民法典总则编
	（四）人民法院认定监护关系终止的其他情形。 **监护关系终止后，被监护人仍然需要监护的，应当依法另行确定监护人。**
	第三节　宣告失踪和宣告死亡
第二十条第一款　公民下落不明满二年的，利害关系人可以向人民法院申请宣告他为失踪人。	**第四十条**　自然人下落不明满二年的，利害关系人可以向人民法院申请宣告该自然人为失踪人。
第二十条第二款　战争期间下落不明的，下落不明的时间从战争结束之日起计算。	**第四十一条　自然人下落不明的时间自其失去音讯之日起计算。**战争期间下落不明的，下落不明的时间自战争结束之日**或者有关机关确定的下落不明之日**起计算。
第二十一条第一款　失踪人的财产由他的配偶、父母、成年子女或者关系密切的其他亲属、朋友代管。代管有争议的，没有以上规定的人或者以	**第四十二条**　失踪人的财产由其配偶、成年子女、父母或者其他愿意担任财产代管人的人代管。 代管有争议，没有前款规

相关法律规定	民法典总则编
上规定的人无能力代管的，由人民法院指定的人代管。	定的人，或者前款规定的人无代管能力的，由人民法院指定的人代管。
第二十一条第二款 失踪人所欠税款、债务和应付的其他费用，由代管人从失踪人的财产中支付。	**第四十三条 财产代管人应当妥善管理失踪人的财产，维护其财产权益。** 失踪人所欠税款、债务和应付的其他费用，由**财产**代管人从失踪人的财产中支付。 **财产代管人因故意或者重大过失造成失踪人财产损失的，应当承担赔偿责任。**
	第四十四条 财产代管人不履行代管职责、侵害失踪人财产权益或者丧失代管能力的，失踪人的利害关系人可以向人民法院申请变更财产代管人。 **财产代管人有正当理由的，可以向人民法院申请变更财产代管人。**

相关法律规定	民法典总则编
	人民法院变更财产代管人的，变更后的财产代管人有权要求原财产代管人及时移交有关财产并报告财产代管情况。
第二十二条 被宣告失踪的人重新出现~~或者确知他的下落~~，经本人或者利害关系人申请，人民法院应当撤销~~对他的~~失踪宣告。	**第四十五条** 失踪人重新出现，经本人或者利害关系人申请，人民法院应当撤销失踪宣告。 **失踪人重新出现，有权请求财产代管人及时移交有关财产并报告财产代管情况。**
《民法通则》 **第二十三条** 公民有下列情形之一的，利害关系人可以向人民法院申请宣告他死亡： （一）下落不明满四年~~的~~； （二）因意外事故下落不明~~，从事故发生之日起~~满二年的。 ~~战争期间下落不明的，下落不明的时间从战争结束之日起计算。~~	**第四十六条** 自然人有下列情形之一的，利害关系人可以向人民法院申请宣告该自然人死亡： （一）下落不明满四年； （二）因意外事件，下落不明满二年。 因意外事件下落不明，经有关机关证明该自然人不可能生存的，**申请宣告死亡不受二年时间的限制。**

相关法律规定	民法典总则编
《民事诉讼法》 **第一百八十四条** 公民下落不明满四年，或者因意外事故下落不明满二年，或者因意外事故下落不明，经有关机关证明该公民不可能生存，利害关系人申请宣告其死亡的，向下落不明人住所地基层人民法院提出。 申请书应当写明下落不明的事实、时间和请求，并附有公安机关或者其他有关机关关于该公民下落不明的书面证明。	
《民通意见》 29. ~~宣告失踪不是宣告死亡的必须程序。公民下落不明，符合申请宣告死亡的条件，利害关系人可以不经申请宣告失踪而直接申请宣告死亡。但利害关系人只申请宣告失踪的，应当宣告失踪；同一~~	**第四十七条** **对同一自然人，有的**利害关系人申请宣告死亡，有的利害关系人申请宣告失踪，**符合本法规定的宣告死亡条件的，人民法院**应当宣告死亡。

相关法律规定	民法典总则编
顺序的利害关系人，有的申请宣告死亡，有的不同意宣告死亡，则应当宣告死亡。	
《民通意见》 **第36条第1款** 被宣告死亡的人，判决宣告之日为其死亡的日期。判决书除发给申请人外，还应当在被宣告死亡的人住所地和人民法院所在地公告。	**第四十八条** 被宣告死亡的人，**人民法院**宣告死亡的判决作出之日视为其死亡的日期；**因意外事件下落不明宣告死亡的，意外事件发生之日视为其死亡的日期。**
第二十四条 被宣告死亡的人重新出现或者确知他没有死亡，经本人或者利害关系人申请，人民法院应当撤销对他的死亡宣告。 有民事行为能力人在被宣告死亡期间实施的民事法律行为有效。	**第四十九条** 自然人被宣告死亡但是并未死亡的，不影响该自然人在被宣告死亡期间实施的民事法律行为**的效力**。 **第五十条** 被宣告死亡的人重新出现，经本人或者利害关系人申请，人民法院应当撤销死亡宣告。
《民法总则》 **第五十一条** 被宣告死亡的人的婚姻关系，自死亡宣告	**第五十一条** 被宣告死亡的人的婚姻关系，自死亡宣告之日起消除。死亡宣告被撤销

相关法律规定	民法典总则编
之日起消灭。死亡宣告被撤销的，婚姻关系自撤销死亡宣告之日起自行恢复，但是其配偶再婚或者向婚姻登记机关书面声明不愿意恢复的除外。	的，婚姻关系自撤销死亡宣告之日起自行恢复。但是，其配偶再婚或者向婚姻登记机关书面声明不愿意恢复的除外。
《民通意见》 38. 被宣告死亡的人在被宣告死亡期间，其子女被他人依法收养，~~被宣告死亡的人~~在死亡宣告被撤销后，仅以未经本人同意而主张收养关系无效的，一般不应准许，但收养人和被收养人同意的除外。 **《民法总则》** **第五十二条** 被宣告死亡的人在被宣告死亡期间，其子女被他人依法收养的，在死亡宣告被撤销后，不得以未经本人同意为由主张收养关系无效。	**第五十二条** 被宣告死亡的人在被宣告死亡期间，其子女被他人依法收养**的**，在死亡宣告被撤销后，不得以未经本人同意为由主张收养行为无效。

相关法律规定	民法典总则编
《民法通则》 **第二十五条** 被撤销死亡宣告的人有权请求返还财产。依照继承法取得他的财产的公民或者组织，应当返还原物；原物不存在的，给予适当补偿。 《民通意见》 39．利害关系人隐瞒真实情况使他人被宣告死亡而取得其财产的，除应返还原物及孳息外，还应对造成的损失予以赔偿。	**第五十三条** 被撤销死亡宣告的人有权请求**依照本法第六编**取得**其财产的**民事主体**返还财产**；无法返还的，**应当**给予适当补偿。 利害关系人隐瞒真实情况，**致**使他人被宣告死亡而取得其财产的，除应当返还财产外，还应当对**由此**造成的损失承担赔偿责任。
	第四节 个体工商户和农村承包经营户
第二十六条 公民在法律允许的范围内，依法经核准登记，从事工商业经营的，为个体工商户。个体工商户可以起字号。	**第五十四条** 自然人从事工商业经营，经依法登记，为个体工商户。个体工商户可以起字号。
第二十七条 农村集体经济组织的成员，在法律允许的范围内，按照承包合同规定从事商品经营的，为农村承包经营户。	**第五十五条** 农村集体经济组织的成员，依法取得农村土地承包经营权，从事家庭承包经营的，为农村承包经营户。

相关法律规定	民法典总则编
第二十九条 个体工商户、农村承包经营户的债务，个人经营的，以个人财产承担；家庭经营的，以家庭财产承担。	**第五十六条** 个体工商户的债务，个人经营的，以个人财产承担；家庭经营的，以家庭财产承担；**无法区分的，以家庭财产承担。** 农村承包经营户的债务，**以从事农村土地承包经营的农户财产承担；事实上由农户部分成员经营的，以该部分成员的财产承担。**
	第三章 法人
	第一节 一般规定
第三十六条第一款 法人是具有民事权利能力和民事行为能力，依法独立享有民事权利和承担民事义务的组织。	**第五十七条** 法人是具有民事权利能力和民事行为能力，依法独立享有民事权利和承担民事义务的组织。
第三十七条 法人应当~~具备下列条件~~： ~~（一）~~依法成立； ~~（二）有必要的~~财产或者经费； ~~（三）~~有自己的名称、组织	**第五十八条** 法人应当依法成立。 **法人应当**有自己的名称、组织机构、住所、财产或者经费。**法人成立的具体条件和程序，依照法律、行政法规的规定。**

相关法律规定	民法典总则编
机构和场所； ~~（四）能够独立承担民事责任。~~	**设立法人，法律、行政法规规定须经有关机关批准的，依照其规定。**
第三十六条第二款　法人的民事权利能力和民事行为能力，从法人成立时产生，到法人终止时消灭。	**第五十九条**　法人的民事权利能力和民事行为能力，从法人成立时产生，到法人终止时消灭。
第四十八条　全民所有制企业法人以国家授予它经营管理的财产承担民事责任。集体所有制企业法人以企业所有的财产承担民事责任。中外合资经营企业法人、中外合作经营企业法人和外资企业法人以企业所有的财产承担民事责任，法律另有规定的除外。	**第六十条　法人以其全部财产独立承担民事责任。**
第三十八条　依照法律或者法人组织章程规定，代表法人行使职权的负责人，是法人的法定代表人。	**第六十一条**　依照法律或者法人章程**的**规定，代表法人从事民事活动的负责人，为法人的法定代表人。 **法定代表人以法人名义从**

相关法律规定	民法典总则编
	事的民事活动，其法律后果由法人承受。 法人章程或者法人权力机构对法定代表人代表权的限制，不得对抗善意相对人。
	第六十二条 法定代表人因执行职务造成他人损害的，由法人承担民事责任。 法人承担民事责任后，依照法律或者法人章程的规定，可以向有过错的法定代表人追偿。
第三十九条 法人以它的主要办事机构所在地为住所。	**第六十三条** 法人以其主要办事机构所在地为住所。**依法需要办理法人登记的，应当将主要办事机构所在地登记为住所。**
第四十四条第一款 ~~企业~~法人~~分立、合并或者有其他重~~要事项变更，应当向登记机关办理登记~~并公告~~。	**第六十四条** 法人**存续期间登记**事项发生变化的，应当**依法**向登记机关申请**变更**登记。

相关法律规定	民法典总则编
	第六十五条 法人的实际情况与登记的事项不一致的，不得对抗善意相对人。
	第六十六条 登记机关应当依法及时公示法人登记的有关信息。
《民法通则》 **第四十四条第二款** ~~企业~~法人分立、合并，它的权利和义务由变更后的法人享有和承担。 《合同法》 **第九十条** 当事人订立合同后合并的，由合并后的法人或者其他组织行使合同权利，履行合同义务。当事人订立合同后分立的，除债权人和债务人另有约定的以外，由分立的法人或者其他组织对合同的权利和义务享有连带债权，承担连带债务。	**第六十七条** 法人合并的，其权利和义务由合并后的法人享有和承担。 法人分立的，其权利和义务由分立后的法人享有连带债权，承担连带债务，但是债权人和债务人另有约定的除外。

相关法律规定	民法典总则编
第四十五条 企业法人由于下列原因之一终止： （一）依法被撤销； （二）解散； （三）依法宣告破产； （四）其他原因。	**第六十八条** 有下列原因之一**并依法完成清算、注销登记的，**法人终止： （一）**法人**解散； （二）**法人被**宣告破产； （三）**法律规定的**其他原因。 **法人终止，法律、行政法规规定须经有关机关批准的，依照其规定。**
《公司法》 **第一百八十条** 公司因下列原因解散： （一）公司章程规定的营业期限届满或者公司章程规定的其他解散事由出现； （二）股东会或者股东大会决议解散； （三）因公司合并或者分立需要解散； （四）依法被吊销营业执照、责令关闭或者被撤销；	**第六十九条** 有下列情形之一的，法人解散： （一）法人章程规定的存续期间届满或者法人章程规定的其他解散事由出现； （二）法人的权力机构决议解散； （三）因法人合并或者分立需要解散； （四）**法人**依法被吊销营业执照、**登记证书，**被责令关闭或者被撤销；

相关法律规定	民法典总则编
（五）人民法院依照本法第一百八十三条的规定予以解散。	（五）法律规定的其他情形。
第四十条 法人终止，应当依法进行清算，停止清算范围外的活动。 **第四十七条** 企业法人解散，应当成立清算组织，进行清算。企业法人被撤销、被宣告破产的，应当由主管机关或者人民法院组织有关机关和有关人员成立清算组织，进行清算。	**第七十条** 法人解散的，除合并或者分立的情形外，清算义务人应当及时组成清算组进行清算。 法人的董事、理事等执行机构或者决策机构的成员为清算义务人。法律、行政法规另有规定的，依照其规定。 清算义务人未及时履行清算义务，造成损害的，应当承担民事责任；主管机关或者利害关系人可以申请人民法院指定有关人员组成清算组进行清算。
	第七十一条 法人的清算程序和清算组职权，依照有关法律的规定；没有规定的，参照适用公司法律的有关规定。

相关法律规定	民法典总则编
《民法通则》 第四十条　法人终止，应当依法进行清算，停止清算范围外的活动。 第四十六条　企业法人终止，应当向登记机关办理注销登记并公告。 《公司法》 第一百八十八条　公司清算结束后，清算组应当制作清算报告，报股东会、股东大会或者人民法院确认，并报送公司登记机关，申请注销公司登记，公告公司终止。	第七十二条　清算期间法人存续，但是不得从事与清算无关的活动。 法人清算后的剩余财产，按照法人章程的规定或者法人权力机构的决议处理。法律另有规定的，依照其规定。 清算结束并完成法人注销登记时，法人终止；依法不需要办理法人登记的，清算结束时，法人终止。
	第七十三条　法人被宣告破产的，依法进行破产清算并完成法人注销登记时，法人终止。
《公司法》 第十四条第一款　公司可以设立分公司。设立分公司，应当向公司登记机关申请登记，	第七十四条　法人可以依法设立分支机构。法律、行政法规规定分支机构应当登记的，依照其规定。

相关法律规定	民法典总则编
领取营业执照。分公司不具有法人资格，其民事责任由公司承担。	**分支机构以自己的名义从事民事活动，产生的民事责任由法人承担；也可以先以该分支机构管理的财产承担，不足以承担的，由法人承担。**
	第七十五条　设立人为设立法人从事的民事活动，其法律后果由法人承受；法人未成立的，其法律后果由设立人承受，设立人为二人以上的，享有连带债权，承担连带债务。 **设立人为设立法人以自己的名义从事民事活动产生的民事责任，第三人有权选择请求法人或者设立人承担。**
	第二节　营利法人
《民法总则》 **第七十六条**　以取得利润并分配给股东等出资人为目的成立的法人，为营利法人。	**第七十六条**　以取得利润并分配给股东等出资人为目的成立的法人，为营利法人。 营利法人包括有限责任公

相关法律规定	民法典总则编
营利法人包括有限责任公司、股份有限公司和其他企业法人等。	司、股份有限公司和其他企业法人等。
第四十一条 全民所有制企业、集体所有制企业有符合国家规定的资金数额，有组织章程、组织机构和场所，能够独立承担民事责任，经主管机关核准登记，取得法人资格。 在中华人民共和国领域内设立的中外合资经营企业、中外合作经营企业和外资企业，具备法人条件的，依法经工商行政管理机关核准登记，取得中国法人资格。	**第七十七条** 营利法人经依法登记成立。
《公司法》 **第七条第一款** 依法设立的公司，由公司登记机关发给公司营业执照。公司营业执照签发日期为公司成立日期。	**第七十八条** 依法设立的营利法人，由登记机关发给营利法人营业执照。营业执照签发日期为营利法人的成立日期。
	第七十九条 设立营利法人应当依法制定法人章程。

相关法律规定	民法典总则编
	第八十条　营利法人应当设权力机构。 权力机构行使修改法人章程，选举或者更换执行机构、监督机构成员，以及法人章程规定的其他职权。
	第八十一条　营利法人应当设执行机构。 执行机构行使召集权力机构会议，决定法人的经营计划和投资方案，决定法人内部管理机构的设置，以及法人章程规定的其他职权。 执行机构为董事会或者执行董事的，董事长、执行董事或者经理按照法人章程的规定担任法定代表人；未设董事会或者执行董事的，法人章程规定的主要负责人为其执行机构和法定代表人。

相关法律规定	民法典总则编
	第八十二条　营利法人设监事会或者监事等监督机构的，监督机构依法行使检查法人财务，监督执行机构成员、高级管理人员执行法人职务的行为，以及法人章程规定的其他职权。
	第八十三条　营利法人的出资人不得滥用出资人权利损害法人或者其他出资人的利益；滥用出资人权利造成法人或者其他出资人损失的，应当依法承担民事责任。 营利法人的出资人不得滥用法人独立地位和出资人有限责任损害法人债权人的利益；滥用法人独立地位和出资人有限责任，逃避债务，严重损害法人债权人的利益的，应当对法人债务承担连带责任。

相关法律规定	民法典总则编
	第八十四条　营利法人的控股出资人、实际控制人、董事、监事、高级管理人员不得利用其关联关系损害法人的利益；利用关联关系造成法人损失的，应当承担赔偿责任。
	第八十五条　营利法人的权力机构、执行机构作出决议的会议召集程序、表决方式违反法律、行政法规、法人章程，或者决议内容违反法人章程的，营利法人的出资人可以请求人民法院撤销该决议。但是，营利法人依据该决议与善意相对人形成的民事法律关系不受影响。
	第八十六条　营利法人从事经营活动，应当遵守商业道德，维护交易安全，接受政府和社会的监督，承担社会责任。

相关法律规定	民法典总则编
	第三节　非营利法人
	第八十七条　为公益目的或者其他非营利目的成立，不向出资人、设立人或者会员分配所取得利润的法人，为非营利法人。 非营利法人包括事业单位、社会团体、基金会、社会服务机构等。
	第八十八条　具备法人条件，为适应经济社会发展需要，提供公益服务设立的事业单位，经依法登记成立，取得事业单位法人资格；依法不需要办理法人登记的，从成立之日起，具有事业单位法人资格。
	第八十九条　事业单位法人设理事会的，除法律另有规定外，理事会为其决策机构。事业单位法人的法定代表人依照法律、行政法规或者法人章程的规定产生。

相关法律规定	民法典总则编
	第九十条　具备法人条件，基于会员共同意愿，为公益目的或者会员共同利益等非营利目的设立的社会团体，经依法登记成立，取得社会团体法人资格；依法不需要办理法人登记的，从成立之日起，具有社会团体法人资格。
	第九十一条　设立社会团体法人应当依法制定法人章程。 社会团体法人应当设会员大会或者会员代表大会等权力机构。 社会团体法人应当设理事会等执行机构。理事长或者会长等负责人按照法人章程的规定担任法定代表人。
《慈善法》 第十条　设立慈善组织，应当向县级以上人民政府民政部门申请登记，民政部门应当自受理申请之日起三十日内作	第九十二条　具备法人条件，为公益目的以捐助财产设立的基金会、社会服务机构等，经依法登记成立，取得捐助法人资格。

相关法律规定	民法典总则编
出决定。符合本法规定条件的，准予登记并向社会公告；不符合本法规定条件的，不予登记并书面说明理由。 本法公布前已经设立的基金会、社会团体、社会服务机构等非营利性组织，可以向其登记的民政部门申请认定为慈善组织，民政部门应当自受理申请之日起二十日内作出决定。符合慈善组织条件的，予以认定并向社会公告；不符合慈善组织条件的，不予认定并书面说明理由。 有特殊情况需要延长登记或者认定期限的，报经国务院民政部门批准，可以适当延长，但延长的期限不得超过六十日。	依法设立的宗教活动场所，具备法人条件的，可以申请法人登记，取得捐助法人资格。法律、行政法规对宗教活动场所有规定的，依照其规定。
《慈善法》 **第十二条** 慈善组织应当根据法律法规以及章程的规定，建立健全内部治理结构，	**第九十三条　设立捐助法人应当依法制定法人章程。** **捐助法人应当设理事会、民主管理组织等决策机构，并**

相关法律规定	民法典总则编
明确决策、执行、监督等方面的职责权限，开展慈善活动。 慈善组织应当执行国家统一的会计制度，依法进行会计核算，建立健全会计监督制度，并接受政府有关部门的监督管理。	**设执行机构。理事长等负责人按照法人章程的规定担任法定代表人。** **捐助法人应当设监事会等监督机构。**
《公益事业捐赠法》 **第二十一条** 捐赠人有权向受赠人查询捐赠财产的使用、管理情况，并提出意见和建议~~。对于捐赠人的查询~~，受赠人应当如实答复。	**第九十四条** 捐助人有权向捐助法人查询捐助财产的使用、管理情况，并提出意见和建议，捐助法人应当**及时**、如实答复。 **捐助法人的决策机构、执行机构或者法定代表人作出决定的程序违反法律、行政法规、法人章程，或者决定内容违反法人章程的，捐助人等利害关系人或者主管机关可以请求人民法院撤销该决定。但是，捐助法人依据该决定与善意相对人形成的民事法律关系不受影响。**

相关法律规定	民法典总则编
《慈善法》 **第十八条**　慈善组织终止，应当进行清算。 慈善组织的决策机构应当在本法第十七条规定的终止情形出现之日起三十日内成立清算组进行清算，并向社会公告。不成立清算组或者清算组不履行职责的，民政部门可以申请人民法院指定有关人员组成清算组进行清算。 慈善组织清算后的剩余财产，应当按照慈善组织章程的规定转给宗旨相同或者相近的慈善组织；章程未规定的，由民政部门主持转给宗旨相同或者相近的慈善组织，并向社会公告。 慈善组织清算结束后，应当向其登记的民政部门办理注销登记，并由民政部门向社会公告。	**第九十五条**　为公益目的成立的非营利法人终止时，**不得向出资人、设立人或者会员分配剩余财产**。剩余财产应当按照法人章程的规定**或者权力机构的决议**用于公益目的；无法按照法人章程的规定或者权力机构的决议处理的，由主管机关主持转给宗旨相同或者相近的法人，并向社会公告。

相关法律规定	民法典总则编
	第四节 特别法人
	第九十六条 本节规定的机关法人、农村集体经济组织法人、城镇农村的合作经济组织法人、基层群众性自治组织法人，为特别法人。
第五十条第一款 有独立经费的机关从成立之日起，具有法人资格。	**第九十七条** 有独立经费的机关**和承担行政职能的法定机构**从成立之日起，具有**机关**法人资格，**可以从事为履行职能所需要的民事活动。**
《国家赔偿法》 **第七条第五款** 赔偿义务机关被撤销的，继续行使其职权的行政机关为赔偿义务机关；没有继续行使其职权的行政机关的，撤销该赔偿义务机关的行政机关为赔偿义务机关。	**第九十八条 机关法人被撤销的，法人终止，其民事权利和义务由继任的机关法人享有和承担；没有继任的机关法人的，由作出撤销决定的机关法人享有和承担。**
	第九十九条 农村集体经济组织依法取得法人资格。 **法律、行政法规对农村集体经济组织有规定的，依照其规定。**

相关法律规定	民法典总则编
《民法总则》 **第一百条** 城镇农村的合作经济组织依法取得法人资格。 法律、行政法规对城镇农村的合作经济组织有规定的，依照其规定。	**第一百条** 城镇农村的合作经济组织依法取得法人资格。 法律、行政法规对城镇农村的合作经济组织有规定的，依照其规定。
《城市居民委员会组织法》 **第二条** 居民委员会是居民自我管理、自我教育、自我服务的基层群众性自治组织。 不设区的市、市辖区的人民政府或者它的派出机关对居民委员会的工作给予指导、支持和帮助。居民委员会协助不设区的市、市辖区的人民政府或者它的派出机关开展工作。 《村民委员会组织法》 **第二条** 村民委员会是村民自我管理、自我教育、自我服务的基层群众性自治组织，实行民主选举、民主决策、民主管理、民主监督。	**第一百零一条** 居民委员会、村民委员会具有基层群众性自治组织**法人资格**，可以从事为履行职能所需要的民事活动。 **未设立村集体经济组织的，村民委员会可以依法代行村集体经济组织的职能。**

相关法律规定	民法典总则编
村民委员会办理本村的公共事务和公益事业，调解民间纠纷，协助维护社会治安，向人民政府反映村民的意见、要求和提出建议。 村民委员会向村民会议、村民代表会议负责并报告工作。	
	第四章　非法人组织
《个人独资企业法》 **第二条**　本法所称个人独资企业，是指依照本法在中国境内设立，由一个自然人投资，财产为投资人个人所有，投资人以其个人财产对企业债务承担无限责任的经营实体。 **《合伙企业法》** **第二条第一款**　本法所称合伙企业，是指自然人、法人和其他组织依照本法在中国境内设立的普通合伙企业和有限合伙企业。	**第一百零二条　非法人组织是不具有法人资格，但是能够依法以自己的名义从事民事活动的组织。** **非法人组织包括个人独资企业、合伙企业、不具有法人资格的专业服务机构等。**

相关法律规定	民法典总则编
	第一百零三条 非法人组织应当依照法律的规定登记。 设立非法人组织，法律、行政法规规定须经有关机关批准的，依照其规定。
《合伙企业法》 **第二条第二款、第三款** 普通合伙企业由普通合伙人组成，合伙人对合伙企业债务承担无限连带责任。本法对普通合伙人承担责任的形式有特别规定的，从其规定。 有限合伙企业由普通合伙人和有限合伙人组成，普通合伙人对合伙企业债务承担无限连带责任，有限合伙人以其认缴的出资额为限对合伙企业债务承担责任。 **《个人独资企业法》** **第二条** 本法所称个人独资企业，是指依照本法在中国境内设立，由一个自然人投资，	**第一百零四条** 非法人组织的财产不足以清偿债务的，其出资人或者设立人承担无限责任。法律另有规定的，依照其规定。

相关法律规定	民法典总则编
财产为投资人个人所有，投资人以其个人财产对企业债务承担无限责任的经营实体。	
	第一百零五条　非法人组织可以确定一人或者数人代表该组织从事民事活动。
	第一百零六条　有下列情形之一的，非法人组织解散： （一）章程规定的存续期间届满或者章程规定的其他解散事由出现； （二）出资人或者设立人决定解散； （三）法律规定的其他情形。
	第一百零七条　非法人组织解散的，应当依法进行清算。
	第一百零八条　非法人组织除适用本章规定外，参照适用本编第三章第一节的有关规定。

相关法律规定	民法典总则编
	第五章　民事权利
第一百零一条　~~公民、法人享有名誉权，~~公民的人格尊严受法律保护~~，禁止用侮辱、诽谤等方式损害公民、法人的名誉~~。	**第一百零九条**　自然人的**人身自由**、人格尊严受法律保护。
第九十八条　公民享有生命健康权。 **第九十九条**　公民享有姓名权，有权决定、使用和依照规定改变自己的姓名，禁止他人干涉、盗用、假冒。 法人、个体工商户、个人合伙享有名称权。企业法人、个体工商户、个人合伙有权使用、依法转让自己的名称。 **第一百条**　公民享有肖像权，未经本人同意，不得以营利为目的使用公民的肖像。 **第一百零一条**　公民、法人享有名誉权，公民的人格尊严受法律保护，禁止用侮辱、诽谤等方式损害公民、法人的名誉。	**第一百一十条**　自然人享有生命权、**身体权**、健康权、姓名权、肖像权、名誉权、荣誉权、**隐私权**、婚姻自主权等权利。 法人、非法人组织享有名称权、名誉权和荣誉权。

相关法律规定	民法典总则编
第一百零二条 公民、法人享有荣誉权，禁止非法剥夺公民、法人的荣誉称号。 **第一百零三条** 公民享有婚姻自主权，禁止买卖、包办婚姻和其他干涉婚姻自由的行为。	
《网络安全法》 **第四十四条** ~~任何个人和组织不得窃取或者以其他非法方式获取个人信息，~~不得非法出售或者~~非法向他人~~提供个人信息。	**第一百一十一条　自然人的个人信息受法律保护。任何组织或者个人需要获取他人个人信息的，应当依法取得并确保信息安全，不得非法收集、使用、加工、传输他人个人信息，**不得非法买卖、提供**或者**公开**他人**个人信息。
第一百零四条 婚姻、家庭、老人、母亲和儿童受法律保护。 残疾人的合法权益受法律保护。	**第一百一十二条　自然人因婚姻家庭关系等产生的人身权利受法律保护。**
《民法通则》 **第七十五条** 公民的个人财产，包括公民的合法收入、	**第一百一十三条** 民事主体的财产权利受法律**平等**保护。

相关法律规定	民法典总则编
房屋、储蓄、生活用品、文物、图书资料、林木、牲畜和法律允许公民所有的生产资料以及其他合法财产。 公民的合法财产受法律保护，禁止任何组织或者个人侵占、哄抢、破坏或者非法查封、扣押、冻结、没收。 **《物权法》** **第四条** 国家、集体、私人的物权和其他权利人的物权受法律保护，任何单位和个人不得侵犯。	
《民法通则》 **第七十一条** 财产所有权是指所有人依法对自己的财产享有占有、使用、收益和处分的权利。 **《物权法》** **第二条第三款** 本法所称物权，是指权利人依法对特定的物享有直接支配和排他的权	**第一百一十四条 民事主体依法享有物权。** 物权是权利人依法对特定的物享有直接支配和排他的权利，包括所有权、用益物权和担保物权。

相关法律规定	民法典总则编
利，包括所有权、用益物权和担保物权。	
《物权法》 **第二条第二款** ~~本法所称~~物~~，~~包括不动产和动产。法律规定权利作为物权客体的，依照其规定。	**第一百一十五条** 物包括不动产和动产。法律规定权利作为物权客体的，依照其规定。
《物权法》 **第五条** 物权的种类和内容，由法律规定。	**第一百一十六条** 物权的种类和内容，由法律规定。
《国有土地上房屋征收与补偿条例》 **第二条** 为了公共利益的需要，征收国有土地上单位、个人的房屋，应当~~对被征收房屋所有权人（以下称被征收人）~~给予公平补偿。	**第一百一十七条** 为了公共利益的需要，**依照法律规定的权限和程序**征收、**征用**不动产或者动产的，应当给予公平、**合理的**补偿。
第八十四条 债是按照合同的约定或者依照法律的规定，在当事人之间产生的特定的权利和义务关系。享有权利的人是债权人，负有义务的人	**第一百一十八条 民事主体依法享有债权。** **债权是因合同、侵权行为、无因管理、不当得利以及法律的其他规定，权利人请求**

相关法律规定	民法典总则编
是债务人。 债权人有权要求债务人按照合同的约定或者依照法律的规定履行义务。	**特定义务人为或者不为一定行为的权利。**
《合同法》 **第八条第一款** 依法成立的合同，对当事人具有法律约束力。~~当事人应当按照约定履行自己的义务，不得擅自变更或者解除合同~~。	**第一百一十九条** 依法成立的合同，对当事人具有法律约束力。
《侵权责任法》 **第二条第一款** 侵害民事权益，~~应当依照本法承担侵权责任~~。 **第三条** 被侵权人有权请求侵权人承担侵权责任。	**第一百二十条** 民事权益受到侵害的，被侵权人有权请求侵权人承担侵权责任。
第九十三条 没有法定的或者约定的义务，为避免他人利益受损失进行管理~~或者服务~~的，有权要求受益人偿付由此~~而~~支付的必要费用。	**第一百二十一条** 没有法定的或者约定的义务，为避免他人利益受损失**而**进行管理的**人**，有权请求受益人偿还由此支出的必要费用。

相关法律规定	民法典总则编
第九十二条 没有合法根据，取得不当利益，~~造成他人损失的，~~应当将取得的不当利益返还受损失的人。	**第一百二十二条 因他人**没有法律根据，取得不当利益，受损失的人有权请求其返还不当利益。
第九十四条 公民、法人享有著作权（版权），依法有署名、发表、出版、获得报酬等权利。 **第九十五条** 公民、法人依法取得的专利权受法律保护。 **第九十六条** 法人、个体工商户、个人合伙依法取得的商标专用权受法律保护。 **第一百一十八条** 公民、法人的著作权（版权）、专利权、商标专用权、发现权、发明权和其他科技成果权受到剽窃、篡改、假冒等侵害的，有权要求停止侵害，消除影响，赔偿损失。	**第一百二十三条 民事主体依法享有知识产权。** **知识产权是权利人依法就下列客体享有的专有的权利：** **（一）作品；** （二）发明、实用新型、外观设计； （三）商标； **（四）地理标志；** **（五）商业秘密；** **（六）集成电路布图设计；** **（七）植物新品种；** **（八）法律规定的其他客体。**

相关法律规定	民法典总则编
第七十六条　公民依法享有财产继承权。	第一百二十四条　自然人依法享有继承权。 自然人合法的私有财产，可以依法继承。
	第一百二十五条　民事主体依法享有股权和其他投资性权利。
	第一百二十六条　民事主体享有法律规定的其他民事权利和利益。
	第一百二十七条　法律对数据、网络虚拟财产的保护有规定的，依照其规定。
	第一百二十八条　法律对未成年人、老年人、残疾人、妇女、消费者等的民事权利保护有特别规定的，依照其规定。
	第一百二十九条　民事权利可以依据民事法律行为、事实行为、法律规定的事件或者法律规定的其他方式取得。

相关法律规定	民法典总则编
	第一百三十条　民事主体按照自己的意愿依法行使民事权利，不受干涉。
	第一百三十一条　民事主体行使权利时，应当履行法律规定的和当事人约定的义务。
	第一百三十二条　民事主体不得滥用民事权利损害国家利益、社会公共利益或者他人合法权益。
	第六章　民事法律行为
	第一节　一 般 规 定
第五十四条　民事法律行为是公民或者法人设立、变更、终止民事权利和民事义务的~~合法~~行为。	第一百三十三条　民事法律行为是民事主体通过意思表示设立、变更、终止民事法律关系的行为。
	第一百三十四条　民事法律行为可以基于双方或者多方的意思表示一致成立，也可以基于单方的意思表示成立。 法人、非法人组织依照法

相关法律规定	民法典总则编
	律或者章程规定的议事方式和表决程序作出决议的，该决议行为成立。
第五十六条 民事法律行为可以采取书面形式、口头形式或者其他形式。法律规定用特定形式的，应当依照法律规定。	**第一百三十五条** 民事法律行为可以采用书面形式、口头形式或者其他形式；法律、**行政法规**规定**或者当事人约定**采用特定形式的，应当采用特定形式。
第五十七条 民事法律行为从成立时起具有法律约束力。行为人非依法律规定或者取得对方同意，不得擅自变更或者解除。	**第一百三十六条** 民事法律行为自成立时生效，**但是法律另有规定或者当事人另有约定的除外**。 行为人非依法律规定或者未经对方同意，不得擅自变更或者解除**民事法律行为**。
	第二节 意思表示
《合同法》 **第十六条** 要约到达受要约人时生效。 采用数据电文形式订立合同，收件人指定特定系统接收	**第一百三十七条** **以对话方式作出的意思表示，相对人知道其内容时生效。** **以非对话方式作出的**意思表示，到达相对人时生效。**以**

相关法律规定	民法典总则编
数据电文的，该数据电文进入该特定系统的时间，视为到达时间；未指定特定系统的，该数据电文进入收件人的任何系统的首次时间，视为到达时间。	**非对话方式作出的**采用数据电文形式的意思表示，相对人指定特定系统接收数据电文的，该数据电文进入该特定系统**时生效**；未指定特定系统的，**相对人知道或者应当知道该数据电文进入其系统时生效。当事人对采用数据电文形式的意思表示的生效时间另有约定的，按照其约定**。
	第一百三十八条　无相对人的意思表示，表示完成时生效。法律另有规定的，依照其规定。
	第一百三十九条　以公告方式作出的意思表示，公告发布时生效。
《民通意见》 66. 一方当事人向对方当事人提出民事权利的要求，对方未用语言或者文字明确表示意见，但其行为表明已接受的，可以认定为默示。不作为	**第一百四十条　行为人可以明示或者默示作出意思表示。** 沉默只有在有法律规定、当事人约定**或者符合当事人之间的交易习惯时**，才可以视为意思表示。

相关法律规定	民法典总则编
的默示只有在法律有规定或者当事人~~双方有~~约定~~的情况下~~，才可以视为意思表示。	
	第一百四十一条　行为人可以撤回意思表示。撤回意思表示的通知应当在意思表示到达相对人前或者与意思表示同时到达相对人。
《合同法》 第一百二十五条第一款　当事人对合同条款的理解有争议的，应当按照合同所使用的词句、合同的有关条款、合同的目的、交易习惯以及诚实信用原则，确定该条款的真实意思。	第一百四十二条　有相对人的意思表示的解释，应当按照所使用的词句，结合相关条款、行为的性质和目的、习惯以及诚信原则，确定意思表示的含义。 无相对人的意思表示的解释，不能完全拘泥于所使用的词句，而应当结合相关条款、行为的性质和目的、习惯以及诚信原则，确定行为人的真实意思。
	第三节　民事法律行为的效力

相关法律规定	民法典总则编
第五十五条 民事法律行为应当具备下列条件： （一）行为人具有相应的民事行为能力； （二）意思表示真实； （三）不违反法律或者社会公共利益。	**第一百四十三条** 具备下列条件的民事法律行为**有效**： （一）行为人具有相应的民事行为能力； （二）意思表示真实； （三）不违反法律、**行政法规的强制性规定**，不违背公序良俗。
第五十八条第一款第一项 下列民事行为无效： （一）无民事行为能力人实施的；	**第一百四十四条** 无民事行为能力人实施的民事**法律**行为无效。
《民法总则》 **第一百四十五条** 限制民事行为能力人实施的纯获利益的民事法律行为或者与其年龄、智力、精神健康状况相适应的民事法律行为有效；实施的其他民事法律行为经法定代理人同意或者追认后有效。 相对人可以催告法定代理	**第一百四十五条** 限制民事行为能力人实施的纯获利益的民事法律行为或者与其年龄、智力、精神健康状况相适应的民事法律行为有效；实施的其他民事法律行为经法定代理人同意或者追认后有效。 相对人可以催告法定代理人自收到通知之日起三十日①

①《民法典》将原民事相关法律规定中的“一个月”改为“三十日”，“三个月”改为“九十日”。

相关法律规定	民法典总则编
人自收到通知之日起一个月内予以追认。 法定代理人未作表示的，视为拒绝追认。民事法律行为被追认前，善意相对人有撤销的权利。撤销应当以通知的方式作出。	内予以追认。法定代理人未作表示的，视为拒绝追认。民事法律行为被追认前，善意相对人有撤销的权利。撤销应当以通知的方式作出。
第五十八条第一款第六项 下列民事行为无效： （六）以合法形式掩盖非法目的的。	**第一百四十六条** 行为人与相对人以虚假的意思表示实施的民事**法律**行为无效。 **以虚假的意思表示隐藏的民事法律行为的效力，依照有关法律规定处理。**
第五十九条第一款第一项 下列民事行为，一方有权请求人民法院或者仲裁机关予以~~变更或者~~撤销： （一）行为人对行为内容有重大误解的；	**第一百四十七条** 基于重大误解实施的民事**法律**行为，行为人有权请求人民法院或者仲裁机构予以撤销。
《合同法》 **第五十四条第二款** 一方以欺诈~~、胁迫的~~手段~~或者乘人~~	**第一百四十八条** 一方以欺诈手段，使对方在违背真实意思的情况下实施的民事法律

相关法律规定	民法典总则编
~~之危~~，使对方在违背真实意思的情况下订立的合同，受损害方有权请求人民法院或者仲裁机构~~变更或者~~撤销。	行为，受欺诈方有权请求人民法院或者仲裁机构予以撤销。
	第一百四十九条　第三人实施欺诈行为，使一方在违背真实意思的情况下实施的民事法律行为，对方知道或者应当知道该欺诈行为的，受欺诈方有权请求人民法院或者仲裁机构予以撤销。
《合同法》 **第五十四条第二款、第三款**　一方以~~欺诈、~~胁迫的手段~~或者乘人之危~~，使对方在违背真实意思的情况下订立的合同，受损害方有权请求人民法院或者仲裁机构~~变更或者~~撤销。 ~~当事人请求变更的，人民法院或者仲裁机构不得撤销~~。	**第一百五十条　一方或者第三人**以胁迫手段，使对方在违背真实意思的情况下实施的民事法律行为，受胁迫方有权请求人民法院或者仲裁机构予以撤销。

相关法律规定	民法典总则编
《民法通则》 **第五十九条第一款第二项** 下列民事行为，一方有权请求人民法院或者仲裁机关予以~~变更或者~~撤销： （二）显失公平的。 《合同法》 **第五十四条第一款第二项、第二款** 下列合同，当事人一方有权请求人民法院或者仲裁机构~~变更或者~~撤销： （二）在订立合同时显失公平的。 一方~~以欺诈、胁迫的手段或者~~乘人之危，使对方在违背真实意思的情况下订立的合同，受损害方有权请求人民法院或者仲裁机构~~变更或者~~撤销。	**第一百五十一条** 一方利用对方处于危困状态、缺乏判断能力等情形，致使民事**法律**行为成立时显失公平的，受损害方有权请求人民法院或者仲裁机构予以撤销。
《合同法》 **第五十五条** 有下列情形之一的，撤销权消灭： （一）~~具有撤销权的~~当事人	**第一百五十二条** 有下列情形之一的，撤销权消灭： （一）当事人自知道或者应当知道撤销事由之日起一年内、

相关法律规定	民法典总则编
自知道或者应当知道撤销事由之日起一年内没有行使撤销权； （二）~~具有撤销权的~~当事人知道撤销事由后明确表示或者以自己的行为放弃撤销权。	**重大误解的当事人自知道或者应当知道撤销事由之日起九十日**内没有行使撤销权； （二）当事人受胁迫，**自胁迫行为终止之日起一年内没有行使撤销权**； （三）当事人知道撤销事由后明确表示或者以自己的行为表明放弃撤销权。 **当事人自民事法律行为发生之日起五年内没有行使撤销权的，撤销权消灭。**
《合同法》 **第五十二条第四项、第五项**　有下列情形之一的，合同无效： （四）~~损害社会公共利益~~； （五）违反法律、行政法规的强制性规定。 《合同法解释（二）》 **第十四条**　合同法第五十二条第（五）项规定的“强制	**第一百五十三条**　违反法律、行政法规的强制性规定的民事法律行为无效。**但是，该强制性规定不导致该民事法律行为无效的除外。** **违背公序良俗的民事法律行为无效。**

相关法律规定	民法典总则编
性规定”，是指效力性强制性规定。	
《民法通则》 **第五十八条第一款第四项** 下列民事行为无效： （四）恶意串通，损害国家、集体或者第三人利益的； 《合同法》 **第五十二条第二项** 有下列情形之一的，合同无效： （二）恶意串通，损害国家、集体或者第三人利益；	**第一百五十四条** 行为人与相对人恶意串通，损害他人合法权益的民事法律行为无效。
《合同法》 **第五十六条** 无效的~~合同~~或者被撤销的~~合同~~自始没有法律约束力。~~合同部分无效，不影响其他部分效力的，其他部分仍然有效~~。	**第一百五十五条** 无效的或者被撤销的民事法律行为自始没有法律约束力。
第六十条 民事行为部分无效，不影响其他部分~~的~~效力的，其他部分仍然有效。	**第一百五十六条** 民事法律行为部分无效，不影响其他部分效力的，其他部分仍然有效。

相关法律规定	民法典总则编
《民法通则》 **第六十一条** 民事行为~~被确认为~~无效或者被撤销后，当事人因该行为取得的财产，应当返还~~给受损失的一方~~。有过错的一方应当赔偿对方因此所受的损失，双方都有过错的，应当各自承担相应的责任。 ~~双方恶意串通，实施民事行为损害国家的、集体的或者第三人的利益的，应当追缴双方取得的财产，收归国家、集体所有或者返还第三人~~。 《合同法》 **第五十八条** 合同无效或者被撤销后，因该合同取得的财产，应当予以返还；不能返还或者没有必要返还的，应当折价补偿。有过错的一方应当赔偿对方因此所受到的损失，双方都有过错的，应当各自承担相应的责任。	**第一百五十七条** 民事法律行为无效、被撤销**或者确定不发生效力**后，行为人因该行为取得的财产，应当**予以**返还；**不能返还或者没有必要返还的，应当折价补偿**。有过错的一方应当赔偿对方由此所受**到**的损失；各方都有过错的，应当各自承担相应的责任。**法律另有规定的，依照其规定**。

相关法律规定	民法典总则编
	第四节　民事法律行为的附条件和附期限
《民法通则》 **第六十二条**　民事法律行为可以附条件，附条件的民事法律行为在符合所附条件时生效。 《合同法》 **第四十五条第一款**　当事人对合同的效力可以约定附条件。附生效条件的合同，自条件成就时生效。附解除条件的合同，自条件成就时失效。	**第一百五十八条**　民事法律行为可以附条件，**但是根据其性质不得附条件的除外**。附**生效**条件的民事法律行为，自条件成就时生效。附解除条件的民事法律行为，自条件成就时失效。
《合同法》 **第四十五条第二款**　当事人为自己的利益不正当地阻止条件成就的，视为条件已成就；不正当地促成条件成就的，视为条件不成就。	**第一百五十九条**　**附条件的民事法律行为**，当事人为自己的利益不正当地阻止条件成就的，视为条件已经成就；不正当地促成条件成就的，视为条件不成就。
《合同法》 **第四十六条**　当事人对合同的效力可以约定附期限。附生效期限的合同，自期限届至	**第一百六十条**　民事法律行为可以附期限，**但是根据其性质不得附期限的除外**。附生效期限的民事法律行为，自期

相关法律规定	民法典总则编
时生效。附终止期限的合同，自期限届满时失效。	限届至时生效。附终止期限的民事法律行为，自期限届满时失效。
	第七章　代理
	第一节　一般规定
第六十三条第一款、第三款　公民、法人可以通过代理人实施民事法律行为。 依照法律规定~~或者按照~~双方当事人约定，应当由本人实施的民事法律行为，不得代理。	**第一百六十一条**　民事主体可以通过代理人实施民事法律行为。 依照法律规定、当事人约定**或者民事法律行为的性质**，应当由本人**亲自**实施的民事法律行为，不得代理。
第六十三条第二款　代理人在代理权限内，以被代理人~~的~~名义实施民事法律行为。被代理人对代理人的代理行为，承担民事责任。	**第一百六十二条**　代理人在代理权限内，以被代理人名义实施**的**民事法律行为，对被代理人发生效力。
第六十四条　代理包括委托代理、法定代理~~和指定代理~~。 委托代理人按照被代理人的委托行使代理权，法定代理人依照法律的规定行使代理权~~；~~	**第一百六十三条**　代理包括委托代理和法定代理。 委托代理人按照被代理人的委托行使代理权。法定代理人依照法律的规定行使代理权。

相关法律规定	民法典总则编
~~指定代理人按照人民法院或者指定单位的指定行使代理权~~。	
第六十六条第二款、第三款 代理人不履行职责而给被代理人造成损害的，应当承担民事责任。 代理人和第三人串通，损害被代理人的利益的，~~由~~代理人和第三人负连带责任。	**第一百六十四条** 代理人不履行**或者不完全履行**职责，造成被代理人损害的，应当承担民事责任。 代理人和相对人**恶意**串通，损害被代理人合法权益的，代理人和相对人应当承担连带责任。
	第二节 委托代理
《民法通则》 **第六十五条第二款** 书面委托代理的授权委托书应当载明代理人的姓名或者名称、代理事项、权限和期间，并由委托人签名或者盖章。 **《民法总则》** **第一百六十五条** 委托代理授权采用书面形式的，授权委托书应当载明代理人的姓名或者	**第一百六十五条** 委托代理授权采用书面形式的，授权委托书应当载明代理人的姓名或者名称、代理事项、权限和期限[①]，并由被代理人签名或者盖章。

①《民法典》将《民法总则》中的“期间”改为“期限”的条文有：第165条、第173条。

相关法律规定	民法典总则编
名称、代理事项、权限和期间，并由被代理人签名或者盖章。	
	第一百六十六条　数人为同一代理事项的代理人的，应当共同行使代理权，但是当事人另有约定的除外。
第六十七条　代理人知道~~被委托~~代理~~的~~事项违法仍然进行代理活动的，或者被代理人知道代理人的代理行为违法不表示反对的，~~由~~被代理人和代理人负连带责任。	**第一百六十七条**　代理人知道**或者应当知道**代理事项违法仍然实施代理行为，或者被代理人知道**或者应当知道**代理人的代理行为违法未作反对表示的，被代理人和代理人**应当**承担连带责任。
	第一百六十八条　代理人不得以被代理人的名义与自己实施民事法律行为，但是被代理人同意或者追认的除外。 代理人不得以被代理人的名义与自己同时代理的其他人实施民事法律行为，但是被代理的双方同意或者追认的除外。

相关法律规定	民法典总则编
第六十八条　委托代理人为被代理人的利益需要转托他人代理的，应当事先取得被代理人的同意。事先没有取得被代理人同意的，应当在事后及时告诉被代理人，如果被代理人不同意，由代理人对自己所转托的人的行为负民事责任，但在紧急情况下，为了保护被代理人的利益而转托他人代理的除外。	第一百六十九条　代理人需要转委托第三人代理的，应当取得被代理人的同意或者追认。 转委托代理经被代理人同意或者追认的，被代理人可以就代理事务直接指示转委托的第三人，代理人仅就第三人的选任以及对第三人的指示承担责任。 转委托代理未经被代理人同意或者追认的，代理人应当对转委托的第三人的行为承担责任；但是，在紧急情况下代理人为了维护被代理人的利益需要转委托第三人代理的除外。
《民法通则》 第四十三条　企业法人对它的法定代表人和其他工作人员的经营活动，承担民事责任。 《合同法》 第五十条　法人或者其他	第一百七十条　执行法人或者非法人组织工作任务的人员，就其职权范围内的事项，以法人或者非法人组织的名义实施的民事法律行为，对法人或者非法人组织发生效力。

相关法律规定	民法典总则编
组织的法定代表人、负责人超越权限订立的合同，除相对人知道或者应当知道其超越权限的以外，该代表行为有效。	**法人或者非法人组织对执行其工作任务的人员职权范围的限制，不得对抗善意相对人。**
第六十六条第一款、第四款 没有代理权、超越代理权或者代理权终止后~~的行为~~，只有经过被代理人的追认，被代理人才承担民事责任。未经追认的行为，由行为人承担民事责任。~~本人知道他人以本人名义实施民事行为而不作否认表示的，视为同意~~。 第三人知道行为人没有代理权、超越代理权或者代理权已终止~~还与行为人实施民事行为给他人造成损害~~的，~~由~~第三人和行为人负连带责任。	第一百七十一条　行为人没有代理权、超越代理权或者代理权终止后，**仍然实施代理行为，**未经被代理人追认的，对被代理人不发生效力。 **相对人可以催告被代理人自收到通知之日起三十日内予以追认。被代理人未作表示的，视为拒绝追认。行为人实施的行为被追认前，善意相对人有撤销的权利。撤销应当以通知的方式作出。** **行为人实施的行为未被追认的，善意相对人有权请求行为人履行债务或者就其受到的损害请求行为人赔偿。但是，赔偿的范围不得超过被代理人追认时相对人所能获得的利益。**

相关法律规定	民法典总则编
	相对人知道或者应当知道行为人无权代理的，相对人和行为人按照各自的过错承担责任。
《合同法》 **第四十九条** 行为人没有代理权、超越代理权或者代理权终止后以被代理人名义订立合同，相对人有理由相信行为人有代理权的，该代理行为有效。	**第一百七十二条** 行为人没有代理权、超越代理权或者代理权终止后，仍然实施代理行为，相对人有理由相信行为人有代理权的，代理行为有效。
	第三节 代理终止
第六十九条 有下列情形之一的，委托代理终止： （一）代理期间届满或者代理事务完成； （二）被代理人取消委托或者代理人辞去委托； （三）代理人死亡； （四）代理人丧失民事行为能力；	**第一百七十三条** 有下列情形之一的，委托代理终止： （一）代理期限届满或者代理事务完成； （二）被代理人取消委托或者代理人辞去委托； （三）代理人丧失民事行为能力； （四）代理人或者被代理人

相关法律规定	民法典总则编
（五）作为被代理人或者代理人的法人终止。	死亡； （五）作为代理人或者被代理人的法人、**非法人组织**终止。
《民通意见》 82．被代理人死亡后有下列情况之一的，委托代理人实施的代理行为有效：（1）代理人不知道被代理人死亡~~的~~；（2）被代理人的继承人~~均~~予承认~~的~~；（3）被代理人与代理人约定到代理事项完成时代理权终止~~的~~；（4）在被代理人死亡前已经进行~~、而在被代理人死亡后~~为了被代理人的继承人的利益继续完成~~的~~。	**第一百七十四条**　被代理人死亡后，有下列情形之一的，委托代理人实施的代理行为有效： （一）代理人不知道**且不应当知道**被代理人死亡； （二）被代理人的继承人予**以**承认； （三）授权中明确代理权在代理事务完成时终止； （四）被代理人死亡前已经实施，为了被代理人的继承人的利益继续代理。 **作为被代理人的法人、非法人组织终止的，参照适用前款规定。**
第七十条　有下列情形之一的，法定代理~~或者指定代理~~终止：	**第一百七十五条**　有下列情形之一的，法定代理终止： （一）被代理人取得或者恢

相关法律规定	民法典总则编
（一）被代理人取得或者恢复民事行为能力； （二）被代理人或者代理人死亡； （三）代理人丧失民事行为能力； （四）指定代理的人民法院或者指定单位取消指定； （五）由其他原因引起的被代理人和代理人之间的监护关系消灭。	复完全民事行为能力； （二）代理人丧失民事行为为能力； （三）代理人或者被代理人死亡； **（四）法律规定的其他情形。**
	第八章　民事责任
第一百零六条第一款　公民、法人违反合同或者不履行其他义务的，应当承担民事责任。	**第一百七十六条**　**民事主体依照法律规定或者按照当事人约定，履行民事义务，**承担民事责任。
《侵权责任法》 **第十二条**　二人以上分别实施侵权行为造成同一损害，能够确定责任大小的，各自承担相应的责任；难以确定责任大小的，平均承担赔偿责任。	**第一百七十七条**　二人以上依法承担按份责任，能够确定责任大小的，各自承担相应的责任；难以确定责任大小的，平均承担责任。

相关法律规定	民法典总则编
《侵权责任法》 **第十三条** 法律规定承担连带责任的，被侵权人有权请求部分或者全部连带责任人承担责任。 **第十四条** 连带责任人根据各自责任大小确定相应的赔偿数额；难以确定责任大小的，平均承担~~赔偿~~责任。 支付超出自己赔偿数额的连带责任人，有权向其他连带责任人追偿。	**第一百七十八条** **二人以上**依法承担连带责任的，权利人有权请求部分或者全部连带责任人承担责任。 连带责任人的责任份额根据各自责任大小确定；难以确定责任大小的，平均承担责任。实际承担责任超过自己责任份额的连带责任人，有权向其他连带责任人追偿。 **连带责任，由法律规定或者当事人约定。**
第一百三十四条 承担民事责任的方式主要有： （一）停止侵害； （二）排除妨碍； （三）消除危险； （四）返还财产； （五）恢复原状； （六）修理、重作、更换； （七）赔偿损失； （八）支付违约金；	**第一百七十九条** 承担民事责任的方式主要有： （一）停止侵害； （二）排除妨碍； （三）消除危险； （四）返还财产； （五）恢复原状； （六）修理、重作、更换； **（七）继续履行；** （八）赔偿损失；

相关法律规定	民法典总则编
（九）消除影响、恢复名誉； （十）赔礼道歉。 以上承担民事责任的方式，可以单独适用，也可以合并适用。 人民法院审理民事案件，除适用上述规定外，还可以予以训诫、责令具结悔过、收缴进行非法活动的财物和非法所得，并可以依照法律规定处以罚款、拘留。	（九）支付违约金； （十）消除影响、恢复名誉； （十一）赔礼道歉。 **法律规定惩罚性赔偿的，依照其规定。** 本条规定的承担民事责任的方式，可以单独适用，也可以合并适用。
第一百零七条 因不可抗力不能履行合同或者造成他人损害的，不承担民事责任，法律另有规定的除外。 **第一百五十三条** 本法所称的“不可抗力”，是指不能预见、不能避免并不能克服的客观情况。	**第一百八十条** 因不可抗力不能履行民事义务的，不承担民事责任。法律另有规定的，依照其规定。 不可抗力是不能预见、不能避免且不能克服的客观情况。
第一百二十八条 因正当防卫造成损害的，不承担民事责任。正当防卫超过必要的限	**第一百八十一条** 因正当防卫造成损害的，不承担民事责任。

相关法律规定	民法典总则编
度，造成不应有的损害的，应当承担适当的民事责任。	正当防卫超过必要的限度，造成不应有的损害的，**正当防卫人**应当承担适当的民事责任。
第一百二十九条　因紧急避险造成损害的，由引起险情发生的人承担民事责任。~~如果~~危险~~是~~由自然原因引起的，紧急避险人不承担民事责任~~或者承担适当的民事责任~~。~~因~~紧急避险采取措施不当或者超过必要的限度，造成不应有的损害的，紧急避险人应当承担适当的民事责任。	**第一百八十二条**　因紧急避险造成损害的，由引起险情发生的人承担民事责任。 危险由自然原因引起的，紧急避险人不承担民事责任，**可以给予适当补偿**。 紧急避险采取措施不当或者超过必要的限度，造成不应有的损害的，紧急避险人应当承担适当的民事责任。
第一百零九条　因防止、制止国家的、集体的财产或者他人的财产、人身遭受侵害而使自己受到损害的，由侵害人承担赔偿责任，受益人~~也~~可以给予适当的补偿。	**第一百八十三条**　因保护他人民事权益使自己受到损害的，由侵权人承担民事责任，受益人可以给予适当补偿。**没有侵权人、侵权人逃逸或者无力承担民事责任，受害人请求补偿的，受益人应当给予适当补偿。**

相关法律规定	民法典总则编
	第一百八十四条 因自愿实施紧急救助行为造成受助人损害的，救助人不承担民事责任。
《精神损害赔偿司法解释》[①] **第三条** 自然人死亡后，其近亲属因下列侵权行为遭受精神痛苦，向人民法院起诉请求赔偿精神损害的，人民法院应当依法予以受理： （一）以侮辱、诽谤、贬损、丑化或者违反社会公共利益、社会公德的其他方式，侵害死者姓名、肖像、名誉、荣誉； （二）非法披露、利用死者隐私，或者以违反社会公共利益、社会公德的其他方式侵害死者隐私；	**第一百八十五条** 侵害英雄烈士等的姓名、肖像、名誉、荣誉，**损害社会公共利益的**，应当承担民事责任。

①《最高人民法院关于确定民事侵权精神损害赔偿责任若干问题的解释》简称《精神损害赔偿司法解释》。

相关法律规定	民法典总则编
（三）非法利用、损害遗体、遗骨，或者以违反社会公共利益、社会公德的其他方式侵害遗体、遗骨。	
《合同法》 **第一百二十二条** 因当事人一方的违约行为，侵害对方人身、财产权益的，受损害方有权选择~~依照本法~~要求其承担违约责任或者~~依照其他法律要求其承担~~侵权责任。	**第一百八十六条** 因当事人一方的违约行为，损害对方人身**权益**、财产权益的，受损害方有权选择请求其承担违约责任或者侵权责任。
《侵权责任法》 **第四条** 侵权人因同一行为应当承担行政责任或者刑事责任的，不影响~~依法~~承担侵权责任。 ~~因同一行为应当承担侵权责任和行政责任、刑事责任，~~侵权人的财产不足以支付的，先承担侵权责任。	**第一百八十七条** 民事主体因同一行为应当承担**民事责任**、行政责任和刑事责任的，**承担行政责任或者刑事责任**不影响承担民事责任；民事主体的财产不足以支付的，优先**用于**承担民事责任。
	第九章 诉讼时效

相关法律规定	民法典总则编
第一百三十五条 向人民法院请求保护民事权利的诉讼时效期间为二年，法律另有规定的除外。 **第一百三十七条** 诉讼时效期间从知道或者应当知道权利被侵害时起计算。但是，从权利被侵害之日起超过二十年的，人民法院不予保护。有特殊情况的，人民法院可以延长~~诉讼时效期间~~。 **第一百四十一条** 法律~~对诉讼时效~~另有规定的，依照~~法律~~规定。	**第一百八十八条** 向人民法院请求保护民事权利的诉讼时效期间为三年。法律另有规定的，依照其规定。 诉讼时效期间自**权利人**知道或者应当知道权利受到损害**以及义务人之日**起计算。法律另有规定的，依照**其**规定。但是，自权利受到损害之日起超过二十年的，人民法院不予保护，有特殊情况的，人民法院可以**根据权利人的申请决定**延长。
《民事案件诉讼时效规定》[①] **第五条** 当事人约定同一债务分期履行的，诉讼时效期间从最后一期履行期限届满之日起计算。	**第一百八十九条** 当事人约定同一债务分期履行的，诉讼时效期间自最后一期履行期限届满之日起计算。

①《最高人民法院关于审理民事案件适用诉讼时效制度若干问题的规定》简称《民事案件诉讼时效规定》。

相关法律规定	民法典总则编
	第一百九十条　无民事行为能力人或者限制民事行为能力人对其法定代理人的请求权的诉讼时效期间，自该法定代理终止之日起计算。
	第一百九十一条　未成年人遭受性侵害的损害赔偿请求权的诉讼时效期间，自受害人年满十八周岁之日起计算。
第一百三十八条　超过诉讼时效期间，当事人自愿履行的，不受诉讼时效限制。	第一百九十二条　诉讼时效期间届满的，义务人可以提出不履行义务的抗辩。 诉讼时效期间届满后，义务人同意履行的，不得以诉讼时效期间届满为由抗辩；义务人已经自愿履行的，不得请求返还。
《民事案件诉讼时效规定》 第三条　~~当事人未提出诉讼时效抗辩，~~人民法院不应~~对诉讼时效问题进行释明及~~主动适用诉讼时效的规定~~进行裁判~~。	第一百九十三条　人民法院不得主动适用诉讼时效的规定。

相关法律规定	民法典总则编
《民法通则》 **第一百三十九条** 在诉讼时效期间的最后六个月内，因不可抗力~~或者其他~~障碍不能行使请求权的，诉讼时效中止。~~从中止时效的原因消除之日起，诉讼时效期间继续计算。~~ 《民事案件诉讼时效规定》 **第二十条** 有下列情形之一的，应当认定为民法通则第一百三十九条规定的“其他障碍”，诉讼时效中止： （一）~~权利被侵害的~~无民事行为能力人、限制民事行为能力人没有法定代理人，或者法定代理人死亡、丧失代理权、丧失行为能力； （二）继承开始后未确定继承人或者遗产管理人； （三）权利人被义务人或者其他人控制~~无法主张权利~~； （四）其他导致权利人不能主张权利的客观情形。	**第一百九十四条** 在诉讼时效期间的最后六个月内，因**下列**障碍，不能行使请求权的，诉讼时效中止： （一）不可抗力； （二）无民事行为能力人或者限制民事行为能力人没有法定代理人，或者法定代理人死亡、丧失**民事**行为能力、丧失代理权； （三）继承开始后未确定继承人或者遗产管理人； （四）权利人被义务人或者其他人控制； （五）其他导致权利人不能行使请求权的障碍。 **自中止时效的原因消除之日起满六个月，诉讼时效期间届满。**

相关法律规定	民法典总则编
第一百四十条 诉讼时效因提起诉讼、当事人一方提出要求或者同意履行义务而中断。从中断时起，诉讼时效期间重新计算。	**第一百九十五条** 有下列情形之一的，**诉讼时效中断，**从中断、**有关程序终结**时起，诉讼时效期间重新计算： **（一）权利人向义务人提出履行请求；** **（二）义务人同意履行义务；** **（三）权利人提起诉讼或者申请仲裁；** **（四）与提起诉讼或者申请仲裁具有同等效力的其他情形。**
	第一百九十六条 下列请求权不适用诉讼时效的规定： （一）请求停止侵害、排除妨碍、消除危险； （二）不动产物权和登记的动产物权的权利人请求返还财产； （三）请求支付抚养费、赡养费或者扶养费；

相关法律规定	民法典总则编
	（四）依法不适用诉讼时效的其他请求权。
《民事案件诉讼时效规定》 **第二条** 当事人违反法律规定，约定延长或者缩短诉讼时效期间、预先放弃诉讼时效利益的，人民法院不予认可。	**第一百九十七条** 诉讼时效的期间、计算方法以及中止、中断的事由**由法律规定**，当事人约定无效。 当事人对诉讼时效利益的预先放弃无效。
《仲裁法》 **第七十四条** 法律对仲裁时效有规定的，适用该规定。法律对仲裁时效没有规定的，适用诉讼时效的规定。	**第一百九十八条** 法律对仲裁时效有规定的，依照其规定；没有规定的，适用诉讼时效的规定。
《合同法》 **第九十五条** 法律规定或者当事人约定解除权行使期限，期限届满当事人不行使的，该权利消灭。 法律没有规定或者当事人没有约定解除权行使期限，经对方催告后在合理期限内不行使的，该权利消灭。	**第一百九十九条** 法律规定或者当事人约定**的撤销权、**解除权**等权利的**存续期间，**除法律另有规定外，自权利人知道或者应当知道权利产生之日起计算，不适用有关诉讼时效中止、中断和延长的规定。**存续期间届满，撤销权、解除权等**权利消灭。**

相关法律规定	民法典总则编
	第十章　期间计算
第一百五十四条第一款　民法所称的期间按照公历年、月、日、小时计算。	**第二百条**　民法所称的期间按照公历年、月、日、小时计算。
第一百五十四条第二款　规定按照小时计算期间的，从规定时开始计算。规定按照日、月、年计算期间的，开始的当天不算入，从下一天开始计算。	**第二百零一条**　按照年、月、日计算期间的，开始的当日不计入，自下一日开始计算。 按照小时计算期间的，自**法律**规定**或者当事人约定的时间**开始计算。
《民通意见》 198. 当事人约定的期间不是以月、年第一天起算的，一个月为三十日，一年为三百六十五日。 期间的最后一天是星期日或者其他法定休假日，而星期日或者其他法定休假日有变通的，以实际休假日的次日为期间的最后一天。	**第二百零二条　按照年、月计算期间的，到期月的对应日为期间的最后一日；没有对应日的，月末日为期间的最后一日。**

相关法律规定	民法典总则编
第一百五十四条第三款、第四款 期间的最后一天是~~星期日或者其他~~法定休假日的，以休假日的次日为期间的最后一天。 期间的最后一天的截止时间为二十四点。有业务时间的，~~到~~停止业务活动的时间截止。	**第二百零三条** 期间的最后一日是法定休假日的，以**法定**休假日**结束**的次日为期间的最后一日。 期间的最后一日的截止时间为二十四时；有业务时间的，停止业务活动的时间**为**截止**时间**。
	第二百零四条 期间的计算方法依照本法的规定，但是法律另有规定或者当事人另有约定的除外。